「十四五」國家重點出版物出版規劃項目

二〇二一—二〇三五年國家古籍工作規劃重點出版項目

中華古籍保護計劃

ZHONG HUA GU JI BAO HU JI HUA CHENG GUO

·成果·

國家珍貴古籍叢刊

宋本老子道德經古本集注直解

（宋）范應元　集注

國家圖書館出版社

圖書在版編目（CIP）數據

宋本老子道德經古本集注直解 /（宋）范應元集注. -- 北京：國家圖書館出版社, 2024.12. --（國家珍貴古籍叢刊）. ISBN 978-7-5013-8233-0

Ⅰ. B223.12

中國國家版本館CIP數據核字第2024AP0673號

書　　名　宋本老子道德經古本集注直解

著　　者　（宋）范應元　集注

叢 書 名　國家珍貴古籍叢刊

責任編輯　李精一

封面設計　翁　涌

出版發行　國家圖書館出版社（北京市西城區文津街7號　100034）

（原書目文獻出版社　北京圖書館出版社）

010-66114536　63802249　nlcpress@nlc.cn（郵購）

網　　址　http://www.nlcpress.com

排　　版　愛圖工作室

印　　裝　北京金康利印刷有限公司

版次印次　2024年12月第1版　2024年12月第1次印刷

開　　本　710×1000　1/16

印　　張　22

書　　號　ISBN 978-7-5013-8233-0

定　　價　180.00圓

《國家珍貴古籍叢刊》編纂委員會

《國家珍貴古籍叢刊》前言

中國古代文獻典籍是中華民族創造的重要文明成果。這些典籍承載着中華五千年的悠久歷史，不僅是中華優秀傳統文化的重要載體之一，還是民族凝聚力和創造力的重要源泉，更是人類珍貴的文化遺產。

黨的十八大以來，以習近平總書記爲核心的黨中央站在實現中華民族偉大復興的戰略高度，對傳承和弘揚中華優秀傳統文化作出一系列重大決策部署。習近平總書記多次圍繞中華優秀傳統文化保護弘揚、挖掘闡發、傳播推廣、融合發展作出重要論述，强調『要加强對中華優秀傳統文化的挖掘和闡發』，讓『書寫在古籍裏的文字都活起來』。二〇二三年，習近平總書記在文化傳承發展座談會上强調，衹有全面深入瞭解中華文明的歷史，纔能更有效地推動中華優秀傳統文化創造性轉化、創新性發展，更有力地推進中國特色社會主義文化建設，建設中華民族現代文明。黨和國家的高度重視和大力支持，把中華珍貴典籍的保護和傳承工作推上了新的歷史高度。

保護好、傳承好、利用好這些文獻典籍，對於傳承和弘揚中華民族優秀傳統文化，維護國家統一和民族團結，推動社會主義文化大發展大繁榮，促進國際文化交流和構建人類命運共同體，都具有十分重要的意義。二〇〇七年，國家啓動了『中華古籍保護計劃』。該計劃在文化和旅游部領導下，由國家古籍保護中心負責實施，十餘年來，古籍保護成效顯著，在社會上産生了極大反響。迄今爲止，國務院先後公布了六批《國家珍貴古籍名録》，收録了全國各藏書機構及個人收藏的珍貴古籍一萬三千零二十六部。

爲深入挖掘這些寶貴的文化遺産，更好地傳承文明、服務社會，科學合理有效地解决古籍收藏與利用的矛盾，二〇二四年，國家古籍保護中心啓動《國家珍貴古籍叢刊》叢書項目。該項目入選《二〇二一—二〇三五年國家古籍工作規劃》重點出版項目，是貫徹落實新時代弘揚中華優秀傳統文化的重要舉措。

本《叢刊》作爲古籍數字化的有益補充，將深藏内閣大庫的善本古籍化身千百，普惠廣大讀者。根據『注重普及、體現價值、避免重複』的原則，從入選第一至六批《國家珍貴古籍名録》的典籍中遴選出『時代早、流傳少、價值高，經典性較强、流傳度較廣』的存世佳槧爲底本，尤其重視『尚未出版過的、版本極具特殊性的、内容膾炙人口的』善本。通過『平民化』的出版方式進行全文高精彩印，以合理的價格、上乘的印刷品質讓大衆看得到、買得起、用得上。旨在用大衆普及活化推廣方式出版國家珍貴古籍，讓這些沉睡在古籍中的文字重新焕發光彩，爲學術界、文化界乃至廣大讀者提供豐富的學術資料和閱讀享受，更爲廣大學者、古籍保護從業人員、古籍收藏愛好者從事學術研究、版本鑒定、保護收藏等提供一部極爲重要的工具書。

本《叢刊》由國家圖書館出版社出版，在編纂過程中，保持古籍的原貌，力求做到影印清晰、編排合理。本《叢刊》不僅全文再現古籍的内容，每部書還附一篇名家提要，爲研究古籍流傳、版本變遷、學術思想等内容，提供重要資料。通過本《叢刊》的出版，我們相信對於推動古籍整理與研究工作、傳承中華優秀傳統文化、增强民族文化自信具有重要意義，也將有助於更多的人瞭解和認識中華文化的博大精深，激發人們對傳統文化的熱愛與傳承意識，爲中華民族的偉大復興貢獻力量。

《國家珍貴古籍叢刊》項目啓動以來，得到專家學者的廣泛關注，以及全國各大圖書館的大力支持。同時，我們也期待更多的學者、專家及廣大讀者能够關注和支持古籍保護工作，共同爲傳承和弘揚中華優秀傳統文化而努力。

國家古籍保護中心

二〇二四年九月

《國家珍貴古籍叢刊》出版説明

爲更好地傳承文明，服務社會，科學合理有效地解决古籍收藏與利用的矛盾，國家古籍保護中心聯合全國古籍重點保護單位，開展《國家珍貴古籍叢刊》高精彩印出版項目，以促進古籍保護成果的揭示、整理與利用，加强古籍再生性保護和研究。

《叢刊》所選文獻按照『注重普及、體現價值、避免重複』的原則，遴選出『時代早、流傳少、價值高，經典性較强、流傳度較廣』的存世佳槧爲底本高精彩印。按經、史、子、集分類編排，所選每種書均單獨印行，分批陸續出版。各書延聘專家撰寫提要，介紹該文獻著者、基本内容及其學術價值、版本價值，同時説明入選《國家珍貴古籍名録》批次、名録號等；各書編有詳細目録、設置書眉，以便讀者檢索和閱讀；正文前列牌記展示該文獻館藏單位、版本情况和原書尺寸信息。

國家圖書館出版社

二〇二四年九月

（宋）范應元　集注

老子道德經古本集注直解

宋刻本

據國家圖書館藏宋刻本
影印原書板框高二十點
二厘米寬十五點一厘米

在人類文明史上，出現過許多影響人類社會發展進程的偉大經典，《道德經》就是其中之一。她是一部内涵深邃、詞句洗練的『哲學詩』，是中國乃至東方思想文化的源頭活水，其影響跨越歷史、跨越宗教、跨越民族、跨越文化。有學者考證，《道德經》問世以來，歷代文獻所著録的注本約有两千種。自隋唐以降，《道德經》又廣泛流傳到海外，據聯合國教科文組織統計，在世界文化名著中，譯成外國文字出版發行量最大的是《聖經》，其次就是《道德經》。老子不僅僅屬於中國，也屬於世界。

《道德經》，又稱《老子》《五千言》《老子五千文》，相傳爲春秋時期的老子李耳撰寫，是道家哲學思想的重要來源。《道德經》分上下兩篇，原文上篇《德經》、下篇《道經》，不分章，後改爲《道經》三十七章在前，第三十八章之後爲《德經》，共分爲八十一章。是中國歷史上首部完整的哲學著作。

現在可以看到的《道德經》最初版本，是一九九三年湖北荆門郭店楚墓出土的竹簡《老子》，一九七三年長沙馬王堆三號漢墓出土的甲乙兩種帛書《老子》，爲西漢初年的版本，把《德經》放在《道經》之前，受到學者的重視。

唐朝，玄奘法師將《道德經》譯成梵文，傳到印度等國。從十六世紀開始，《道德經》就被翻譯成了拉丁文、法文、德文、英文、日文等。十九世紀初歐洲人深入研究《道德經》，二十世紀四五十年代，歐洲出現六十多種《道德經》譯文，德國哲學家黑格爾、尼采，俄羅斯大作家托爾斯泰等對《道德經》都有深刻的理解。尼采曾說，老子《道德經》像一個永不枯竭的井泉，滿載寶藏，放下汲桶，唾手可得。

《道德經》產生以來，歷代進行注釋者頗多，此本爲宋范應元集注《道德經》，宋刻本，有抄配，有繆荃孫、沈曾植、楊守敬、鄧邦述、章鈺、王闓運等多名家題跋。書末沈曾植墨筆跋云：『此書《道藏》不收，焦氏《老子翼》采摭亦不及，真道家佚典矣。范應元無可考，褚伯秀《南華義海》所録諸家有范無隱者，或即此人。沅叔更詳考之。乙盦。』（後有『吴興』朱印。）范應元生平不詳，可考者，見褚伯秀《南華義海纂微》後序。序云：『淳祐丙午歲，幸遇西蜀無隱范先生游京，獲侍講席，幾二載。』又云：『師諱應元，字善甫，蜀之順慶人。』可知范應元爲褚伯秀之師，淳祐戊申（一二四八）尚在世。褚氏後序作於咸淳六年庚午（一二七〇）。褚氏又云：『江湖宿德，稔知其人。』因知范氏在南宋末葉頗負盛名。

范氏《老子道德經古本集注直解》，徵引古本及前人音訓注釋凡四十餘家，附以范氏本人的見解。

書末章鈺朱筆跋云：『案：范氏所據古本，《音辯》外，凡三十家。河上公、王弼、李若愚、張君相、楊孚、傅奕、孫登、嚴遵、蘇子由、應吉父、司馬温公、淮南子、揚雄、張玄静、梁帝簡文、阮籍、馬誕、韓非、王詡、郭雲、陳碧虚、阮咸、董遇、司馬談、陳韶、李奇、司馬遷、開元御注、梁王尚、張嗣是也。又有稱爲西晉本（下篇天下皆爲吾天下）者，或有舊注，或稱引所及，皆所取也。説解則爲傅奕、王弼、韓康伯、蘇子由、河上公、司馬温公、成元英、陸德明、程伊川、司馬遷、韓非、王雱、張冲應十餘家，或闡名理，或采訓釋，亦不盡拘此經本注，是道家言之實事求是者。從沅叔傅君許叚讀，以鄰蘇所述未全，撮記於後。元黓困敦除夕長洲章鈺同寓析津。』（後有『章鈺假觀』『茗理題記』印。）《直解》體現由精氣至性命，最後歸結爲修心的解《老》思路。此書書末有楊守敬墨筆跋：『此范應元《道德經集注》，不見著録家徵引，韓非、司馬談、嚴遵、河上公、郭雲、王弼、傅奕、唐玄宗諸本異同，可謂詳博，而獨未及景龍石刻。其説解則祇引司馬温公、蘇子由兩家，則較焦氏《老子翼》爲略。而焦氏亦未引其書，不唯《道藏》本不收也，可謂秘笈矣。壬子仲冬宜都楊守敬記於上海寓廬，時年七十有四。』（後有『楊守敬印』『鄰蘇老人』朱印。）認爲《道藏》失收，焦竑《老子翼》采摭亦不及，洵爲道家之佚典，甚爲珍貴。書末有范應元自序稱：『偶因道友來求，難以稿付。復念老矣，將形稿於一丘，惟恐此經寢失古本，遂命工鏤板，藏諸名山。』由是知此書在范氏生前曾經付梓。又，書中有卷上葉二十八『敦兮其若樸』之『敦』字缺筆，卷下葉五十二『慎終如始，則無敗事』之『慎』字缺筆，由其避諱可證其爲宋本，亦或即此書之初刻本。

此本鈐有元末明初陳汝言藏印『陳印汝言』等，傅增湘先生《藏園群書經眼録》卷十考證：陳汝言爲元末中人，名汝言，字惟允，又字秋水。能文善畫，倜儻知兵，張士誠辟爲太尉參謀，貴寵用事。可知此本自元末即由名家收藏。此書至清末爲鄧邦述收藏。又鈐『沈氏家藏書印』『沈彦忠父』『李印藏書』『冬涵過』『白室道人』諸印，流傳有緒，彌足珍貴。入選第一批《國家珍貴古籍名録》，名録號爲〇〇九九〇。（陳紅彦）

目録

老子道德經古本集注下

老子道德經古本集注二卷

山陰魏戫題耑

老子道德經古本集註上　宜齋炑氏

前玉隆萬壽宮掌教　南岳壽寧觀長講果山范應元集註直解

道可道章第一

常久之道自然而然万物得之以生而
不知老氏應運說經垂世立教始與標
名故以道可道章爲首

道可道非常道

道者自然之理万物之所由也傅奕云大
也通也韓康伯云无不通也○可道者謂
可言也常者久也道一而已有體用焉未

有不得其體而知其用者也必先體立然後用有以行老氏說經先明其體常者言其體也可道者言其用也體用一源非有二道也今夫仁義禮智可言者也皆道之用也人徒知惻隱之心仁之端也羞惡之心義之端也辭讓之心禮之端也是非之心智之端也而不知其體之一則是道也分裂四出末流不勝其弊夫惟先知其體之一則日用常行隨事著見无有不當皆自然之理也知是則然後久而无弊矣故

凡道之可以言者非常久自然之道也夫常久自然之道有而无形无而有精其大无外故大无不包其小无内故細无不入无不通也求之於吾心之初則得之矣人物莫不由此而生聖賢莫不體此而立然此道雖周行乎事物之際相傳乎典籍之中而其妙處事物莫能雜言辯莫能及故人鮮造詣於是老子應運垂教不得已而發明之既發明之豈容離乎言哉故首曰道可道非常道意欲使人知常久自然之

道不在言辭當反求諸巳而自得之於吾心之初也蘇子由曰莫非道也而可道者不可常惟不可道而後可常尒今夫仁義禮智此道之可道者也然而仁不可以爲義禮不可以爲智可道之不可常如此惟不可道然後在仁爲仁在義爲義在禮爲禮在智爲智彼皆不常而道常不變不可道之能常如此

名可名非常名

名者猶人之有名也凡名之可以名字者

皆其可道者非常久自然之道也且如万物生來未嘗有名亦只是昔人與之着名以分别之介万物有形固可以道可以名惟常久自然之道爲万物之母而无形故不可道不可名也蘇曰道不可道而況得而名之乎凡名皆其可道者也名既立則方圓曲直之不同不可常矣

无名天地之始

天地之先元有此道渾淪未判孰得而名

有名万物之母

渾淪既判天地人物從此而生聖人見是万物之母而无形故強字之曰道強爲之名曰大因其无名強爲之名俾一切人假此有名揆其无名以復其初也

故常无欲以觀其妙

常无絶句觀去聲諦視也妙微妙也○常乆自然之道自古固存然而无形无聲微妙難窮故謂之常无則欲要使人以觀其微妙也惟人也由此道而生爲万物之最靈誠能回光反視於吾身之中悟一眞體

雖至虚而物无不備則道之微妙可得而觀矣夫如是乃知一理包乎万殊凡物凡事不可違自然之理也古本并河上公王弼李若愚張君相常无上並有故字音辯

玄常无常有合作斷句

常有欲以觀其徼音叫

常有絕句觀乎聲徼循也境也河上公曰歸也○大道自然化生万物在天則成日月星漢等之象在地則成山川草木等之形在人則成身體髮膚等之質故謂之常

有則欲要使人以觀其境也惟人也中天地而立爲三才之一果能仰觀俯察於兩儀之内悟万物形雖不同而理无不在則道之境致可得而觀矣夫如是乃知万殊歸於一理凡物凡事固當循自然之理也

此兩者同出而異名同謂之玄

兩者常无與常有也玄者深遠而不可分別之義蓋非无不能顯有非有不能顯无无與有同出而異名也以道爲无則万化由之而出以道爲有則无形无聲常常不

變故曰常无常有也无有之上俱著一常字乃指其本則有无不二深遠難窮故同謂之玄也竊甞謂有无固不足以論道然自其微妙而言不可不謂之常无自其著見而言不可不謂之常有分而言之妙是微徼是顯合而言之无與有同出而異名妙徼皆一道也此老氏所以兼有无貫顯微合同異而爲言也人能如是觀之則妙與徼相通物與我混融表裏洞然本无留礙亦无差別也

玄之又玄衆妙之門

常久自然之道本不可以名言今旣強字之曰道矣且自其微妙而謂之常无又自其著見而謂之常有復自其本之有无不二深遠難窮而同謂之玄是皆不免乎言焉玄之又玄則猶云深之又深遠之又遠非无非有非異非同不知所以然而然終不可得而名言分別之也然万化由斯而出各各具妙故曰衆妙之門老氏憫夫世人逐末忘本寖失眞源不得已而應機垂

訓又恐人溺於言辭弗能内觀故復示人以深意必使反求諸已欲其自得之而入衆妙之門以復其初又能體是而行以輔万物之自然而同歸于一也唯人爲万物之最靈誠能反觀則是道也湛然常存夫何遠之有此章直指此心之初自然之理使不惑於有无同異得意忘言昇玄極妙乃入道之門立德之基實一經之總也宜深味之

天下皆知章第二

道常无爲初无美惡纔涉有爲便有美惡貴在无爲而成不言而信故次之以

天下皆知章

天下皆知美之爲美斯惡已天下皆知善之爲善斯不善已（古本）

已音以語助○自古聖人體此道而行乎事物之閒其所以全美盡善而人不知爲美善者蓋事物莫不自然各有當行之路故聖人循其自然之理行而中節不自矜伐以爲美善也儻矜之以爲美伐之以爲

善使天下皆知者則必有惡與不善繼之也

故有无之相生難易之相成長短之相形高下之相傾音聲之相和前後之相隨

此以證上文美與惡爲對善與不善爲對

是以聖人處无爲之事行不言之教

是以者承上接下之義聖人者純於道者也亦大而化之之稱後皆倣此。處无爲之事者體道也道常无爲而无不爲聖人則虚心而應物也行不言之教者配天也天何言哉四時行焉百物生焉聖人則循

理而利物无有不當斯不言之教也

万物作焉而不爲始古本

王弼本同古本作者動也○蓋寂然不動感而遂通者道也聖人體道而立物感而後應故不爲始也

生而不有爲而不恃功成而不處夫惟不處是以不去

傅奕本云古本皆是處字○万物之生育運爲皆由於道而道未嘗以爲已有亦未嘗自恃至於功成而未嘗以自處夫惟不以

功自處是以物不違也聖人體道而立故
亦如是豈有惡與不善繼之哉

不尚賢章第三

有美則有惡有尚則有爭不若使民无
知无欲故次之以不尚賢章

不尚賢使民不爭平声

尚好也賢能也又說文多才也爭競也○
謂偏尚才能之人則民必競習才能以爭
功名而不反求自然之道也且小才小能
可用於人而不可用人務才而不務德非

君子也人君不偏尚小才小能之人而民
自不爭河上公曰賢爲世俗之賢不尚者
不貴之以禄不尊之以位也
不貴難得之貨使民不爲盜
難得之貨謂金玉之類儻貴之則民愛其
物而患其无以至爲盜
不見可欲使民心不亂
欲貪也亂紊也音辯古本皆有民字○
不見有可貪之事物則民心自然不紊亂
矣蘇曰見可欲則民患於不得而至於亂

是以聖人之治也虛其心實其腹弱其志強其骨

治理也理身以理天下也上无貴尚則民不妄想人欲去也茲不亦虛其心乎上懷道德則民抱質朴天理存也茲不亦實其腹乎上守柔和則民化而相讓氣不暴也茲不亦弱其志乎上无嗜欲則民化而自壯體常健也茲不亦強其骨乎能如是則可使民无知无欲也此四句有專就修養上解者然前後文皆有正已化民之意

常使民无知无欲使夫知去声者不敢爲也
蓋民知貴尚見可欲則有爭有貪而爲亂故常宜使之无妄知无妄欲而使夫智詐之人不敢妄爲也

爲无爲則无不爲矣
无不爲傅奕孫登同古本河上公作无不治亦通令存古本○聖人无貴尚之迹而不見可欲循自然之理以應事物莫不有當行之路則爲出於无爲也爲出於无爲則事无不成物无不和乃无不爲矣

道冲章第四

能用道則无偏尚故銳自挫紛自解光自和塵自同而无爭矣故次之道冲章

道冲而用之又不盈淵兮似万物之宗

冲虛也和也淵者深也似者道不可以指言也。謂此道虛通而用之又不盈以其无形也然而淵深莫測似万物之尊祖也

蘇曰夫道冲然至无耳然以之適衆有雖天地之大山川之廣无所不偏以其无形故似不盈者淵兮深眇吾知其爲万物宗

也而不敢正言之故曰似万物之宗祖也
挫其鋭解其紛和其光同其塵湛兮似或存
人能用道以挫情欲之鋭解事物之紛瑩
心鑑而不炫其明混濁世而不汙其真則
道常湛兮似乎或在也
吾不知其誰之子象帝之先
老子言我不知道所從生似在天帝之先
也**蘇**曰道雖常存終莫得而名之然亦不
可謂无也故曰此豈帝之先邪帝先矣而
又先於帝則莫或先之矣

天地不仁章第五

能用道則能守中能守中則德合於天地矣故次之以天地不仁章

天地不仁以万物爲芻狗

仁者愛之理○謂天地生育其仁大矣而不言仁其於万物譬如結芻爲狗以祭祀其未陳也盛以篋衍巾以文繡非愛也乃時也及其已陳也行者踐其首脊蘇者取而爨之非不愛也亦時也夫春夏生長亦如芻狗之未陳秋冬凋落亦如芻狗之已

陳皆時也豈春夏愛之而秋冬不愛哉氣至則万物皆不知其所以然而然也

音辯

玄芻狗束草爲狗也

聖人不仁以百姓爲芻狗

聖人體此道以愽愛其仁亦至矣而不言仁其於百姓亦如天地之於万物聽其自然而不害之使養生送死无憾不知帝力何有於我哉

天地之間其猶槖籥乎虛而不屈動而俞出

囊匧[illegible]槖竹管曰籥冶煉之處用籥以接

橐橐之風炁吹鑪中之火屈者曲也音義
云俞羊朱切傅奕引廣雅云益也漢史有
民俞病困○天地之間虛通而已亦如竹
管之接炁虛而不曲也氣來則通氣往則
不積譬彼橐風之俞動則此籥炁之俞出
鑪中之物既各成器而橐籥未嘗言乍愛也
多言數音朔窮不如守中
万物之多百姓之衆聖人不過推此一道
而博愛之豈區區言乍也儻多言乍愛而
不能體道則空有其言而无實效故多言

則數窮也不如同天地守中虛之道而无偏曲則万物自然各得其所也豈有窮哉

谷神不死章第六

天地之間盅烝爲和而妙用莫測生育无窮故次之以谷神不死章

谷神不死是謂玄牝

谷神猶言虛靈也不死猶言无極也玄牝言其生物而不見其所以生也謂虛靈无極此乃生物之牝而不見其所以生故曰玄谷神二字傅奕云幽而通也司馬溫公

曰中虚故曰谷不測故曰神（蘇）曰谷至虚而猶有形谷神則虚而无形也虚而无形尚无有生安有死邪謂之谷神言其德也謂之玄牝言其功也牝生万物而謂之玄焉見其生之而不見其所以生也

玄牝之門是謂天地根

門者指陰陽也以其一闢一闔往來不窮而言也陰陽者以道之動静而言也動而曰陽動極而静曰陰動極而静静極復動闢闔不忒生育无窮根者謂天地本於此

也人能於此心之初得之則知天地之根无根之根也玄牝之門无門之門也谷神不神之神也豈有窮盡哉蘇曰玄牝之門言万物自是出也天地根言万物自是生

綿綿若存用之不勤

謂谷神之在天地綿綿密密而无極也然視之不可見聽之不得聞用之不可旣故曰若存天地用之而四時行百物生未嘗勞也谷神在人亦然綿綿密密生生无窮以爲本无孰主此身以爲本有竟居何所

故曰若存善用之者未嘗勞也何有終窮哉此章宜深體之或有專就修養上解者然必須認得谷神方可

蘇曰綿綿微而不絶也若存存而不可見也能如是雖終日用之不勞矣

天長地久章第七

谷神不死故能生育天地无私故能長久故次之以天長地久章

天長地久天地所以能長且久者以其不自生故能長生

有形之長久者莫如天地天地均由道而生所以能長且久者以其安於无私而不自益其生故能長生也河上公曰謂天地長生久壽以喻教人

是以聖人後其身而身先外其身而身存

聖人謙下不與人爭先而人自然尊之聖人无爭不與物爲敵而物莫能害之

非以其无私邪故能成其私

邪余遮切疑辭○謂聖人謙下无爭非以其无私邪此言其實无私也而人自然尊

之物莫能害之蓋以其无私故能成其私也聖人成其私者非私曲也非私邪也謂衆人之自益其生所以不能得先且存而聖人之謙下无爭所以獨能得先且存也

蘇曰天地生物而不自生立於万物之外故能長生聖人後其身而先人外其身而利人處於衆人之表故能先且存如使天地與物競生而聖人與人爭得則天地亦一物尒聖人亦衆人尒何以大過之哉雖然彼其无私非以求成私也而私以之成

道則固然尒

上善若水章第八

天地不自生而長生聖人无私而私自

成蓋上善若水而利物又能不爭而无

尤故次之以上善若水章

上善若水水善利万物而不爭居衆人之所

惡去聲故幾平聲於道古本

幾近也水之爲物得天一之炁无定形而

靡不通故潤万物者莫潤乎水乃善利也

遇方則方遇圓則圓何爭之有上善之人

則微妙玄通常善利於人物而不爭故善亦如水衆人好高而惡下水獨處之上善之人常謙下也有此之德故近於道易六十四卦惟謙卦有吉而无凶悔吝

河上公曰上善之人如水之性

蘇曰一本道下有矣字易曰一陰一陽之謂道繼之者善也成之者性也又曰天以一生水蓋道運而爲陰陽猶氣運而生水也故曰上善若水水者自然而始成形故其理同道无所不在无所不利而水亦然然而旣已麗於形

則於道有間矣故曰幾於道然而可名之
善未有若此者也故曰上善
居善地心善淵與善仁言善信政善治事善
能動善時夫惟不爭故无尤
居善地者可止則止心善淵者中常湛靜
與善仁者稱物平施言善信者聲不妄發
政善治者德惟无私事善能者无所不通
動善時者可行則行有是德而有是善夫
惟不爭是以无過而全德盡善也蘇曰有
善而不免於人非者以其爭也水惟不爭

故兼七善而无尤

持而盈之章第九

水能善利万物而不爭人當功成名遂

而身退故次之以持而盈之章

持而盈之不如其已揣而鋭之不可長保

已止也揣初委丁果二切度也○滿則溢

矣欲持而固之不如其止鋭則挫矣欲揣

而利之豈可長保蘇曰知盈之必溢而以

持固之不若不盈之安也知鋭之必折而

以揣先之不可必恃也若夫聖人有而不

有尚安有盈循理而後行尚安有銳无盈
則无所用持而无銳則无所用揣矣
金玉滿室莫之能守富貴而驕自遺其咎
室字嚴遵楊孚王弼同古本遺贈也○貪
財而輕命則物而在身亡矣富貴而驕奢則
喪身而殃後矣河上公曰富當極貧貴當
憐賤而反驕恣即禍患也
功成名遂身退天之道
陰陽運行功成者退天之道也人當效天
故自古及今功成名遂而身不退者禍每

及之老子之言万世龜鑑如子房者乃合
天之道也**蘇**曰日中則移月滿則虧四時
之運功成者去天地尚然而况於人爲乎

載營魄章第十

能功成名遂而身退者則爲而不恃也
故次之以載營魄章

載營魄抱一能无離乎

營魄魂魄也內觀經曰動以營身之謂魂
靜以鎮形之謂魄**河上公**曰營魄魂魄也
○魂屬陽魄屬陰一者道之一也謂身載

䰟魄抱道之一頃刻无離人能之乎
專炁致柔能如嬰兒乎滌除玄覽能无疵乎
專者靜定不撓之義疵黒病也○夫嬰兒
氣專而和柔謂不撓其炁以致和柔俾常
如嬰兒之時人能之乎心不虛則不明不
明則不通謂滌除私欲使本心精明如玉
之无瑕疵鑑之无塵垢則冥觀事物皆不
外乎自然之理人能之乎
愛民治國能无以知乎
王弼孫登同古本○謂抱一專炁滌除等

事既以修身明心可推充此道以及人物即愛民治國之本也循自然之理以應事物莫不有當行之路則何以智爲愛民者非區區愛之但不害之即愛之至也治國者非區區治之但不亂之即治之至也人能之乎

天門開闔能爲雌乎

天門者以吾之心神出入而言也心神本不可以出入言然而應物爲出應已爲入出則開而入則闔不可不如是而言也莊

子天運篇載正者正也其心以爲不然者天門弗開矣成玄英註亦云天門者心也雌者言其主静而和柔也亦感而後應之義河上公并蘇註皆作爲雌一本或作无雌恐非經義蓋當經中有知其雄守其雌也理亦當作爲雌○謂吾之心即天之心當於一動一静之際常爲雌柔使神氣和順則陰陽之炁一開一闔亦和順矣

明白四達能无以爲乎古本

明白虚也四達通也○謂此心虚明坦白

四達皇皇感而後應應而常虛无以私意爲之人能之乎蓋此心无爲而无不爲也无爲是本无不爲是末然本末一貫得其本則以一行万而逐處皆是通乎末則會万歸一而无時不中但人當守其本則末自歸一尒

生之畜之(許六)之生而不有爲而不恃長而不宰是謂玄德

畜養本也○謂万物皆根於道而生本於德而養然生之而不以爲己有爲之而不

恃其功至於長成而不爲之主故万物各得其所而不知所以然而然是謂玄德也聖人體是道而无迹大而化之是以百姓不知帝力玄之德也蘇曰其道既足以生畜万物又能不有不恃不宰雖有大德而物莫知之也故曰玄德

三十輻章第十一

能抱一則知无形之用也故次之以三十輻章

三十輻共一轂當其无有車之用

輻車輞也說文輪轑也轂輻所輳也无字絶句○此假物以明大道虛通之用也古者制器尚象車之輻有三十者以象一月也車轂虛通然後運行故三十輻共一轂當其无處乃有車之用也

挻埴以爲器當其无有器之用鑿户牖以爲室當其无有室之用本粘

挻户連切和也埴說文黏土也謂挻和黏土以爲器也半門曰户穴木曰牖○器中虛通則能容受室中虛通則能居處是當

其无處乃有器與室之用也莊子曰室无空虚則婦姑勃谿心无天遊則六鑿相攘此亦假物以明吾心虚通之用也

故有之以爲利无之以爲用

故凡有形之以爲利者皆无形之以爲用也不特車器室然尒何以驗之吾之身有形也其中有无形者之以爲用也豈特吾身凡天地万物皆然也

五色章第十二

能知无形之用者則爲腹不爲目矣故

次之以五色章

五色令人目盲五音令人耳聾五味令人口爽

五色青赤黃黑白也人多以見色爲明而鮮能反照於无色之色可謂盲矣五音角徵宮商羽也人多以聽聲爲聰而鮮能反聽於无聲之聲可謂聾矣五味酸苦甘辛鹹也人多以嗜味爲美而鮮能反味於无味之味可謂差失矣王弼玄爽差失也

馳騁田獵令人心發狂難得之貨令人行妨

是以聖人爲腹不爲目故去彼取此

本心虛靜則聖不可知馳騁田獵則心逐禽獸發而爲狂貴難得之貨則妨守道之行爲腹者守道也爲目者逐物也去撤也聖人爲内而不爲外矣焉肯玩好哉故去彼色聲香味田獵好貨之事而取此虛通之道也然去者非區區去物也但不貪愛也雖有五色畢陳五音畢奏五味畢獻難得之貨畢呈至於田獵之事有時乎因除害而爲之皆不足以撓其心葢中有去外取内之道也

寵辱章第十三

爲腹不爲目則知貴身愛身之道而无辱矣故次之以寵辱章

寵辱若驚貴大患若身何謂寵辱寵爲下

謂寵爲辱根身爲患本人多不悟故發明之驚若身之義具在下文何謂寵辱發問也答曰辱因寵至是寵爲辱根故寵爲下得之若驚失之若驚是謂寵辱若驚

得寵爲榮失寵爲辱有寵昜有辱是以達者非特失寵若驚其得寵亦若驚至於功

成名遂而身退故无辱也此所謂寵辱若驚
何謂貴大患若身吾所以有大患者爲吾有
身茍吾无身吾有何患
何謂貴大患若身者猶言不輕大患如不
輕此身也儻輕患而不慮患輕身而不修
身則自取危亡也是以君子安而不忘危
存而不忘亡故終身无患也茍字應吉父
司馬公同古本不言人有大患而言吾有
大患者假身以喻人也此復答曰吾之所
以有大患者爲吾有身也蓋此身一墮濁

世事物交攻乃大患之本也苟吾无身吾
有何患是知有身斯有患也然則既有此
身則當貴之愛之循自然之理以應事物
不縱情欲俾之无患可也
故貴以身爲天下者則可以託天下矣愛以
身爲天下者則可以寄天下矣古本
一本作故貴以身爲天下若可寄天下愛
以身爲天下若可託天下按莊子在宥篇
故君子不得已而臨莅天下莫若无爲无
爲也而後安其性命之情故貴以身於爲

天下則可以託天下愛以身於爲天下則可以寄天下大意與古本同○故貴以身爲天下者不輕身以徇物也愛以身爲天下者不危身以掇患也託付也寄寓也先不輕身以徇物則可以付天下於自然而各安其安能不危身以掇患然後可以寓天下而无患矣

視之不見章第十四

知貴身愛身則可執古之道御今之有故次之以視之不見章

視之不見名曰幾聽之不聞名曰希摶之不得名曰微此三者不可致詰故混而爲一

幾字孫登王弼同古本傅奕云幾者幽而无象也希陸德明云疏也靜也摶手擊也混合也○道无色視之不可見故名之曰幾道无聲聽之不可聞故名之曰希道无形摶之不可得故名之曰微此幾希微三者不可推致而詰問之故合而爲一河上公曰夫无色无聲无形口不能言書不能傳當受之以靜求之以神不可詰問而得也

其上不皦其下不昧

物之在上者多明在下者多昧唯此道則在上而不明在下而不昧蘇曰物之有形皆麗於陰陽故上皦下昧不可逃也道雖在上而不皦在下而不昧不可以形數推也

繩繩兮亦不可名復歸於无物

此道繩繩而不絕然而終不可名也故復歸於无物蘇曰繩繩運而不絕也人見其運而不絕則以爲有物矣不知其卒歸於无也

是謂无狀之狀无物之象是謂芴芒古本

音辯芴音忽芒虛往切於无非无曰芴於有非有曰芒**淮南子楊雄傅奕**同古本

莊子至樂篇曰天无爲以之清地无爲以之寧故兩无爲相合万物皆化芒乎芴乎而无從出乎芴乎芒乎而无有象乎万物職職皆從无爲殖芒字在莊子註中音荒又呼晃反○謂道不可以狀言而万狀由之而著故曰无狀之狀道不可以象言而万象由之而見故曰无物之象道不可以

有无言是謂芴芒芴則於无非无芒則於
有非有也蘇曰狀其著也象其微也无狀
之狀无物之象皆非无也有无不可名故
謂之芴芒

迎之不見其首隨之不見其後

於无非无於有非有故迎之不見其首隨
之不見其後蘇曰道无所不在故前後不
見一作故无前後可見

執古之道以御今之有能知古始是謂道紀

御釋文理也○虛通之道自古固存當持

此以理今之事物也能知自古生物之始此乃常道之綱紀執古道以御今如網有綱紀而不紊也此章有專就修養上解者謂幾爲神希爲精微爲炁然必識此道方可

古之善爲士章第十五

執古御今之道在乎不盈故次之以古之善爲士章

古之善爲士者微妙玄通深不可測夫惟不可測故強爲之容古本

善爲士者謂善能體道之人也惟其善能

體道故其心微妙而與物冥通淵深而不可測也今有若人豈讓於古夫惟不可測故強爲之容爲士之形容謂下文也

豫兮若冬涉川猶去聲兮若畏四鄰

古本下七句皆有兮字○豫象屬先事而疑此形容善爲士者循理應物審於始而不躁進也猶玃屬後事而疑此形容善爲士者應物既已而尚若畏四鄰蓋謹於終而常不放肆也

儼兮其若容古本

容一作客非也○謂皃重而若正顔容也
蘇曰无所不欽未嘗惰也
渙兮若氷之將釋敦兮其若朴
融而化也厚而純也
曠兮其若谷渾上声兮其若濁
虚而通也不殊俗也已上皆言若者謂善爲士者形諸外有如此而其中則不可得而測也
孰能濁以靖之而徐清
靖一作静然靖訓安接下文義相貫而字

王弼同古本○謂心雖應物而誰能濁之
以其能安定之而徐自清也
孰能安以久動之而徐生
久字絶句○謂此心誰能安定以久而不
復應物哉感之而徐自生也
保此道者不欲盈夫惟不盈故能敝不新成
保守此道者常虚其心不欲使人欲充塞
其中也夫惟虚故能循自然之理以應万
變而依然如故也

致虚極章第十六

不盈之道雖歿身而不殆故次之以致

虛極章

致虛極守靜篤万物並作吾以觀其復

作動也復音服反也○吾心之初本來虛靜出乎自然初不待致之守之逮乎感物而動則致守之功不容一息間斷矣是以老子教人致虛守靜致虛之極守靜之篤則不離於初不離於初則万物並動而吾能以是觀其復歸於虛靜也夫惟虛靜然後能動而有常在易陰極而一陽反生於

下謂之復復則生生之道常久而不已也蓋動自靜來動極復靜矣非虛極而靜篤者不能觀之雖然致虛守靜非謂絶物離人也万物无足以撓吾本心者此眞所謂虛極靜篤也蘇曰致虛不極則有未忘也守靜不篤則動未忘也丘山雖去而微塵未淨未爲極與篤也蓋致虛存虛猶未離有守靜在靜猶䧟於動而況其他乎不極不篤而責虛靜之用難矣

凡物芸芸各歸其根歸根曰靜靜曰復命復

命曰常

凡物䰟䰟傅奕云古本如此䰟字玉篇音云又音運物數亂也一本作夫物芸芸莊子在宥篇曰万物芸芸各復其根芸字成玄英疏云衆多也玉篇與韻略訓芸字皆云香草也今從古本〇此假物以喻人也凡物數雖紛亂然而死有不歸其根者蓋一陽生於子冬至也物各生其本而動至已而其華茂盛是陽動之極也動極而靜靜而生陰一陰生於午夏至也物各歸其

根而靜至亥而其葉凋零是陰靜之極也靜極復動一陽復生於子於是乎生生之道有常故歸根曰靜靜曰復命復命曰常命猶令也天所賦爲命万物受之而生也常者久也復命則常久也在人言之根者本心也歸根者反本心之虛靜也吾心之初本來虛靜於此可以見道之令也即天之所賦者故靜篤則可以復道虛通之令而有常也然則不歸根則不能靜不能靜則是牽於物欲不能復道虛通之令而常

久也故致虛之極在乎守靜之篤也周茂叔得之於此心之初是以有靜虛動直明通公溥之說又有誠通誠復之論及主靜之語夫虛靜者如明鏡止水物來則通通而一點无私則常應而常虛靜矣豈不可以復命而常久也蘇曰苟未能自復於性雖止動息念以求靜非靜也故歸根然後為靜○愚伏讀老氏此經惟言心未嘗言性而子由註此經屢言性何也易繫曰一陰一陽之謂道繼之者善也成之者性也

語曰性相近也習相遠也中庸曰天命之謂性自是而下言性者紛紛故諸儒因孟軻性善之説有復性之論然原堯之授舜曰允執厥中老氏亦有不如守中之語舜之授禹曰人心惟危道心惟微惟精惟一允執厥中亦不言性所謂道心即本心也常虚常靜能應万事而不失其正者也惟其虚靜故微妙而難明當於其通處明之則得之矣

知常曰明不知常妄作凶

知常乆通生之妙實根於虚静者謂之明也不知此者妄動而凶逐與誠通誠復者異也吁草木之不夭於斤斧者猶能抱盖无以歸根復命而常生惟人爲物靈不能極虚篤静以歸根復命遂使私欲得以害之自失其常是反不如草木也已

河上公曰不知道之常妄作姧凶巧詐則失神明故凶

蘇曰不以復性爲明則皆世俗之智雖自謂明而非明也

知常容容乃公

知常乆自然之道則虗通而无不包容也
无不包容乃无私也河上公曰能知道之
所常則能去情欲无所不包容也无不包
容則公而无私衆邪莫當
公乃王王乃天天乃道道乃乆歿身不殆
王者天下歸往之稱惟其无私故天下之
人往而歸之王乃如天之不言而行无爲
而生不言而行无爲而生乃虗通而大也
虗通而大則常乆自然常乆自然則終身
不危殆矣自知常容之後昔人欲盡淨而

天理流行何危殆之有也河上公曰入公正則可以為天下王能王德合神明乃與天通德與天通則與道合同與道合同乃能長久能公能王通天合道四者純備道德弘遠无殃无咎乃與天地俱歿不危殆也

太上章第十七

得致虛守靜之道則功成名遂而民皆曰自然故次之以太上章

太上下知有之其次親之譽音預之

太上者太古君上也譽稱美也○太古在

上之君无爲无欲道化流行不見其迹下民各得其所但知有君而已其次之君漸不及古仁義旣彰民雖親愛而稱美之然朴自此散不如相忘於道德也蘇曰以道在宥天下而未嘗治民不知其所以然故亦知有之而已以仁義治天下其德可懷其功可見故民得親譽之其名雖美而厚薄自是始矣

其次畏之侮之

大朴旣散人僞日生又其次之君道之以

政齊之以刑民免而无耻雖畏之而亦侮之也蘇曰以政齊民民非不畏也然力之所不及則侮之矣

故信不足焉有不信焉

信誠也焉字河上公同古本○故上之誠信不足則下亦有不誠信者矣蘇曰吾誠自信則以道御天下足矣惟不自信而加之以仁義重之以刑政而民始不信矣

猶兮其貴言哉功成事遂百姓皆曰我自然

兮哉曰三字嚴遵同古本○聖人誠信既

足其於言也尚且貴之而不輕發則民自誠信矣故功成事遂百姓不知帝力皆曰我自然此乃相志於道德也**河上公**曰太古之君舉事猶重於言恐離道殊自然也功成事遂太平也百姓不知君上之德淳厚而以爲當自然也

大道廢章第十八

太古之時上下相安去古旣遠寖失自然故次之以大道廢章

大道廢有仁義焉

廢毀也仁者愛之理義者事之宜○大道
未嘗廢廢之者人也自大道毀而有仁義
之名也【蘇】曰大道之隆也仁義行於其中
而民不知道既廢而後仁義見矣【黄茂材】云
四句下俱有焉字
知（去声）惠出有大僞焉
知訓知也惠訓僞也○知惠者出去質尚
文使天下不任其眞是以有大僞也【蘇】曰
世不知道之足以贍足万物也而以知惠
加之於是民始以僞報之矣

六親不和有孝慈焉國家昏亂有貞臣焉

六親父子兄弟夫婦也貞字嚴遵王弼同古本世本多作忠蓋避諱也○六親和則誰非孝慈國家治則誰非貞臣大道不廢則安取仁義故六親不和然後有孝慈之名國家昏亂然後有貞臣之號亦猶大道廢而後有仁義也大道固有常矣孰若循其自然而不知以爲孝慈處其當然而不知以爲貞相愛而不知以爲仁適宜而不知以爲義平平蕩蕩由於中而不知所以

然豈不正直哉雖有智謀恵黠者出而无隙可窺无迹可徇无所容其情僞則相化而反其眞矣太古之風可以復見孰謂大道可廢邪

蘇曰六親方和孰非孝慈國家方治孰非忠臣堯非不孝也而獨稱舜无瞽瞍也伊尹周公非不忠也而獨稱龍逢比干无桀紂也涸澤之魚相呴以濕相濡以沫不如相忘於江湖

絶聖弃知去声章第十九

大道廢而有聖知仁義巧利之弊故次

之以絕聖弃知章

絕聖弃知民利百倍古本

聖知本欲以利民而其末必至害民蓋聖知之迹彰則寖失无爲之化也上失无爲則下多妄作民遭其害故絕弃世俗之所謂聖知之事則民百倍其利矣河上公曰絕聖弃知反无爲也蘇曰非聖知不足以知道使聖知爲天下其有不以道御物者乎然世之人不足以知聖智之本而見其末以爲以巧勝物者也於是馳騁於不流

而民始不勝其害矣故絶聖弃知民利百倍
絶仁弃義民復音服孝慈
復反也○仁義本欲以治民而其末必至
亂民蓋仁義之名顯則寖失自然之本也
上失自然則下生人僞民鮮貞良故絶弃
世俗之所謂仁義之事則民復孝慈而不
知以爲孝慈矣孟子曰孩提之童无不知
愛其親者及其長也无不知敬其兄也親
親仁也敬長義也然則孩提之童自然如
此初不知爲仁義也蘇曰未有仁而遺其

親者也未有義而後其君者也仁義所以爲孝慈矣然及其衰也竊仁義之名以要利於世於是子有遺父而父有虐子此則仁義之迹爲之也故絶仁弃義則民復孝慈

絶巧弃利盜賊无有

巧利本欲以便民而其末必至撓民蓋巧利之習勝則寖失淳朴之風也上攻巧利則下多姦貪以至爲盜故絶弃世俗之所謂巧利之事則盜賊无有矣蓋聖知仁義巧利非亂天下而天下後世必有斯亂故

當絕弃之也【蘇】曰巧所以便事也利所以濟物也二者非以爲盜而盜賊不得則不行故絕巧弃利則盜賊无有

三者以爲文不足也（古本）

【王弼】同古本○謂聖知仁義巧利三者所當弃絕者以爲文不足以代民當反其本矣不可使文勝質也

故令（去聲）有所屬（音燭）見素抱朴少私寡欲

【音辯】云令善也【王弼司馬公】註作平聲今從古本屬釋文連也素釋文質之始也說

文木素也以譬人之質朴也莊子曰同乎无知其德不離同乎无欲是謂素朴○故善者有所連屬不離素朴則民見素抱朴自然私少欲寡矣屬者接續之義謂接續上古之素朴絶弃後世聖知仁義巧利之事也河上公曰見素者當見素守真不尚文飾也抱朴者當抱其質朴以示下故可法則

絶學无憂章第二十

絶聖弃知循乎自然則无憂患故次之

以絶學无憂章

絶學无憂

絶外學之僞循自然之眞則无憂患孟子曰人之所不學而能者其良能也所不慮而知者其良知也朱文公註曰良者本然之善也程子曰良知良能皆无所由乃出於天不係於人然則老氏絶學之意其使人反求諸己本然之善不至逐外失眞流於僞也君子學以致其道後世徒學於外不求諸内以致文滅質博溺心聖人有憂

之故絶外學之僞孔子未嘗不學然所學
者道也故曰賜也女以予爲多學而識之
者與對曰然非與曰非也予一以貫之
唯上聲之與阿相去幾何善之與惡相去何若
唯恭應也阿慢應也幾上聲何多少何如也
體道之士自然謹善无慢與惡蓋明本心
元善也但循天理而發則全乎善縱人欲
而發則流乎惡故老氏舉唯阿善惡相去
何若教人省察之方此與舜之惟精惟一
之意同未明乎道者當觀唯阿善惡未發

之時方寸湛然純乎天理无有不善此乃本心也至於唯阿善惡將發之時相去多少相去何似不過將在乎此心一發之間耳則知唯與善循乎天理也阿與惡率乎人欲也於此治之常守本心之正去人欲以循天理易慢為恭敬惡為善則天下无餘學矣若不求之於內而徒學之於外皆偽也儻不絕偽學有其憂者在周茂叔曰誠无為幾善惡又曰誠則无事矣

人之所畏不可不畏

慢與惡逆乎天命皆人之所畏不可不畏
君子所以謹其獨也嘗觀人之不畏者乃
其平日僞學之荒不明真道故外爲恭善
之虛文内爲慢惡之實事也
荒兮其未央哉
央音辯六中正也○謂衆人之荒於外學
其未知真道之中正哉此興嘆也人不知
自然之道則處事接物牽於人欲或偏或
倚或過或不及也
衆人熙熙如享太牢如登春臺我獨怕兮其

未兆如嬰兒之未咳

熙熙【音辯】云喜聚皃大牢牛羊豕也欲以之祭爲牢以養之故皆曰牢我者老子自稱怕音薄靜也說文无爲也咳何來切【張】【玄靜】與古本同集韻通作孩說文小兒笑皃一云子生周歲而能別人○聖人之心淡然无欲謂衆人熙熙然悦樂僞學恣縱情欲如享太牢之味如登春臺而觀逐外失真而不自覺我獨靜居情欲未兆之始如嬰兒之未有分別也【蘇】曰人皆溺於所

好其美如享太牢其樂如登春臺嘿然從之而不知其非唯聖人深究其妄遏之怕然不動如嬰兒之未孩也

儽儽兮其若不足似无所歸

此句王弼同古本河上公作乘乘兮若无所歸嚴遵作若无所之今從古本儽力追切說文垂皃愽雅去瘦皃○聖人之心常虛常靜无去无來故儽儽兮外无文飾其若不足內不離道似无所歸也

衆人皆有餘而我獨若遺

聖人之心无得无失衆人皆以僞學爲有餘而我與道合同實无所得故獨若失也

我獨愚人之心也哉沌沌兮

【音辯】云沌音囤不分皃世本作純純又省獨字今從古本○聖人之心渾然天理終日如愚謂我獨愚蒙人之心也哉沌沌兮混然不分也

俗人皆昭昭我獨若昏

【王辯】同古本世本无皆字○謂俗人皆逐竟爲明我獨守道如昧

俗人皆察察我獨若閔閔

古本與傅奕本作閔閔莫昆切有訓作昏昧不分别者河上公及諸家並作悶悶音同又省皆字若字韓文公古賦有獨閔閔其曷已兮憑文章以自宣詳此閔閔字註云一作悶悶正與此合今從古本。謂俗人皆察察用智我獨閔閔存真

澹兮若海飄兮似无所止

澹音辯去音談水深皃河上公作忽飄字梁帝簡文同古本王弼作飂今從古本。

謂澹兮深不可測故若海也飄兮一无所
係故似无所止也
衆人皆有以我獨頑似鄙
謂衆人皆有用我獨頑然不變似鄙陋也
河上公曰以有為也頑无為也鄙若不逮
也蘇曰人各有能故世皆得而用之聖人
才全德備若无所施故疑於頑鄙
我獨異於人而貴求食於母
食音辯去音嗣○食者養人之物人之所
不可无者也母者指道而言也謂我所以

獨異於人者而貴求養於道也

孔德之容章第二十一

旣能絶學則唯道是從也故次之以孔

德之容章

孔德之容唯道是從

孔甚也容包含也○甚有德之人无不包

容其所以无不包容者蓋唯道之是從也

道之爲物惟芒惟芴

芒芴字註解已具第十四章○道本不可

以物言此言爲物者蓋万物皆出於道也

道一不可以有无言故曰道之爲物惟芒惟芴

芴兮芒兮中有象兮芒兮芴兮中有物兮

王弼司馬公同古本别本作其中有象其

中有物兮從古本○謂以道爲无則非无

以道爲有則非有故曰芴兮芒兮芒兮芴

兮然而万象由斯而見万物由斯而出故

曰中有象兮中有物兮蘇曰道非有无故

以芒芴言之然及其運而成象著而成物

未有不出於芒芴者也

幽兮冥兮中有精兮其精甚真其中有信

楊孚同古本一本作窈兮冥兮其中有精今從古本信說文玄誠也○謂道旣不可以有无言之則幽微冥昧矣然而中有至精也至精无妄故曰甚眞則是其中有誠信矣万物莫不由是而生人爲物靈其本心眞實无妄凜不可欺能於日用之閒循乎自然之理而眞實无妄則事事物物莫不各有當行之路合乎天之道也中庸曰誠者天之道也誠之者人之道也周茂叔曰誠者聖人之本又曰聖誠而已矣然則

何須外學之僞故孔德之容唯道是從也
自今及古其名不去以閱衆甫吾奚以知衆
甫之然哉以此
自今及古嚴遵王弼同古本一作自古及
今閱如閱人之閱甫始也奚字古本此者
謂眞道也○道本无名然天地人物非此
則不能生故其生天地人物之名自今及
古自然不去以閱衆始也衆始則有終道
則无始无終所以能閱衆始也老子自謂
吾奚以知衆始之所以然哉以此眞道也

蘇曰聖人之所以知万物之所以然者能體道而不去故也

曲則全章第二十二

唯道是從則可以抱一而爲天下式矣故次之以曲則全章

曲則全枉則正

正字王弼同古本一作直○曲已以從道則全枉已以從道則正蘇曰聖人動必循理理之所在或直或曲要於通而已通故與物不迕不迕故全也直而非理則非直

也循理雖枉而天下之至直也

窪則盈敝則新

窪音蛙當作窊凹也汙下也敝敗衣也一作弊困也當作敝○地之窊下者則水趨之必盈此譬人之德行皆當持謙也物之凋敝者則春生之又新此譬人之窮達皆當循理也地與物不過无妄而已

少則得多則惑是以聖人抱一爲天下式

眞道一則无失外學雜則擾亂是以聖人抱道之一爲天下法**河上公**曰自從少則

得多也天道祐謙神明託虛也多財者惑
於守身多學者惑於所聞也抱守也式法
也聖人守一乃知万事故能爲天下法式
蘇曰道一而已得一則无不得矣多學而
无以一之則惑矣抱一者復性者也蓋由
則全枉則直窪則盈敝則新少則得多則
惑皆抱一之餘也故以抱一終之
不自見故明不自是故彰不自伐故有功不
自矜故長夫惟不爭故天下莫能與之爭
見音現彰明也○有道而不自顯露故明

有德而不自以爲是故彰自稱曰伐有功而不自稱故有功自恃曰矜有所長而不自恃故長夫惟道未嘗與人爭而其尊无上其功无等其先无踰是以孔德之容唯道是從也見天下有好高爭先伐功矜長之人則曲己以讓之枉己以遜之不起慢辭不興惡意此非從其人也實以全吾道也惟其不競故其久也天下莫能與之競

河上公曰聖人不自以爲是而非人故能彰顯於世伐取也聖人德化流行不自取

其美故有功於天下矜大也聖人不自貴
大故能長生不危也蘇曰不自是不自伐
不自矜皆不爭之餘也故以不爭終之
古之所謂曲則全者豈虛言哉誠全而歸之
誠信也○謂古之所謂曲己以從道則全
者豈是虛言信全而歸之也蓋道全而生
之吾當全而歸之矣蘇曰世以直爲是曲
爲非將循理而行於世則有不免於曲者
矣故終篇復言曰此豈虛言哉誠全而歸
之天所謂全者非獨全其身也內以全身

外以全物物我兼全而復歸於性則其爲
直也大矣

希言自然章第二十三

能抱一爲天下式則无飄暴之行矣故
次之以希言自然章

希言自然

希陸德明云疏也靜也○希疏之言出乎
自然可以傳之无窮用之无盡也蘇曰言
出於自然則簡而中非有其自然而強之
則煩而難信矣故曰道之出口淡乎其无

味視之不足見聽之不足聞用之不可既

此所謂希言矣

故飄風不崇朝暴雨不崇日

飄說文云回風也【音辯】云疾也崇一作終

假此以譬人之暴戾不能久也

孰爲此者天地天地尚不能久而況於人乎

謂誰爲此飄風暴雨乃是天地也天地尚不能久爲飄暴而況人而暴戾可以久乎

【河上公】曰孰誰也天地所以忽爲飄風暴雨尚不能使終朝至暮何況於人欲爲暴

卒事也
故從事於道者道者同於道德者同於德失
者同於失同於道者道亦得之同於德者德
亦得之同於失者失亦得之信不足有不信
謂人之所以從事於道者有感則有應也
有道者同於有道之人有德者同於有德
之人蓋道同而德合也然失道者則同於
失道之人故同於道者有道者亦與之相
得同於德者有德者亦與之相得而同於
失者則失道者亦與之相得此乃同聲相

應同氣相求也又知人之言行嘗蹟通安靜不當如飄風暴雨也蓋蹟通安靜則有蹟通安靜者應之暴戾則有暴戾者應之也上之誠信不足則下亦有不誠信者應之矣

河上公曰君信不足於下下則應君以不信也

跂者不立章第二十四

既无飄暴之行則安有自見自是自伐自矜之事哉故次之以跂者不立章

跂者不立跨者不行

跂去智切舉踵也跨枯化切越也○立而跂欲高於人也然豈可久立邪行而跨欲越於人也然豈可久行邪跂也跨也以譬人之好高爭先所立所行不正不可以常久也

自見(音現)者不明自是者不彰

世俗之人皆欲自顯自是故不明不彰

自伐者无功自矜者不長其於道也曰餘食(音嗣)贅行(去聲)物或惡之故有道者不處

有功而自稱者喪其功有所長而自恃者

失其長此跂跨自見自是自伐自矜六者之於道曰餘食贅行餘食則是人之所弃贅行則非本體之正是以物或惡之故有道之士不爲此等餘贅之事也蘇曰譬如飲食適飽而已有餘則腐譬如四體適完而已有贅則累

有物混成章第二十五

不自見自是自伐自矜則能反身而求是道於吾心之初也故次之以有物混成章

有物混成先天地生

道本不可以物言然不曰有物則无以明道而言混成則混然而成乃自然也但求之於吾心之初則得之矣有天地然後万物生道先天地生則非物也道本无生亦以其生物而言　蘇曰夫道非清非濁非高非下非來非去非善非惡混然而成體其於人為性故曰有物混成此未有知其生者蓋湛然常存而天地生於其中尒

寂兮寞兮獨立而不改周行而不殆可以為

天地母

宋古寂字寞字王弼與古本同河上公作寥韻略云寂寞无聲也寥空也按莊子天下篇亦有寂漠无形天地字古本如此一作天下母宜從古本○宋寞言其无聲形也獨立而不改者言其无與之並而常久也周行而不殆者言其虛通而无所礙也可以者道不可以指陳也爲天地母者言其生天地也

吾不知其名故強字之曰道強爲之名曰大

王弼同古本河上公本上句无强字令從古本吾者老子自稱也◎謂道无聲形安得有名因以其万物由是而出故强字之曰道又以其曠蕩无不制圍强名之曰大

蘇曰道本无名聖人見万物之无一不由也故字之曰道見万物之莫能加也故强名之曰大然其實則无得而稱也

大曰逝逝曰遠遠曰反

逝往也去也大則去而不可禦故曰逝逝則極乎无極而不可窮故曰遠雖極乎无

極而不可窮然復在吾身之中而於日用之間不可離也故曰反人能究此則知本心乃渾淪也**河上公**曰其爲大非若天常在上地常在下乃復逝去无常處所言遠者窮於无窮布炁天地无所不通又言其遠不越絕乃復返在人身**蘇**曰自大而求之則逝而往矣自往而求之則遠不及矣雖逝雖遠然反而求之一心足矣

故道大天大地大人亦大域中有四大而人居其一焉

道包羅天地生成万物天无不覆地无不載故皆曰大而道尤大焉人字傅奕同古本河上公本作王觀河上公之意以爲王者人中之尊固有尊君之義然按後文人法地則古本文義相貫況人爲万物之最靈與天地並立而爲三才身任斯道則人實亦大矣而人之尊君乃自然之理當然之事也道本不可以域言此就宇内而言之也謂區域之中有大者四而人居其一焉

人法地地法天天法道道法自然

人法地之静重地法法天之不言天法道之
无爲道法自然而然也人雖止言法地而
地法天天法道道法自然泝而上之皆循
自然豈可妄爲哉清静无爲循乎自然此
天地人之正也蘇曰由道言之則雖天地
與王皆不足大也故以實告之人不若地
地不若天天不若道道不若自然然使人
一日復性則此三者人皆足以盡之矣

重爲輕根章第二十六

能反身而求此道於吾心之初則自然

不離乎重與靜也故次之以重爲輕根章

重爲輕根靜爲躁君

重可載輕靜可制動故重爲輕之根靜爲躁之主**河上公**曰人君不重則不尊治身不重則失神草木之花葉零落根重故長存也人君不靜則不威治身不靜則身危龍靜則能變化虎躁故乃夭虧靜則无爲躁則有欲有欲者死无欲者長生**蘇**曰凡物輕不能載重小不能鎮大不行者使行不動者制動故輕以重爲根躁以靜爲君

是以君子終日行不離去声輜重去声雖有榮觀去声一作館宴處超然

君子成德之名輜庫車也字林載衣物車前後皆蔽若今庫車重者車所載之物也觀從遊之所也宴安也王弼同古本河上公作燕○君子終日行不離輜重雖有榮華之觀亦安居而超然不顧此譬君子不離重與靜也蘇曰行欲輕而不離輜重觀雖樂而必有燕處重靜之不可失如此

如之何万乘去声之主而以身輕天下古本

乘車數也天子畿内地方千里出車万乘故曰万乘之主○謂君子猶不敢離重與静如之何爲万乘之主而以身輕天下哉蓋不重不静則不能鎮輕浮而制躁動故有道之君至重至静是以天下皆本之以爲根賴之以爲主也

輕則失本躁則失君

本字嚴遵王弼同古本河上公作輕則失臣與前文不相貫宜從古本○人主輕忽慢易則失根本之重躁動多欲則失爲君

之德故人君不可須臾而離於重靜也

善行章第二十七

能重能靜則善矣故次之以善行章

善行者无轍迹善言者无瑕謫 古本

瑕玉病也又過也謫音摘罰也責也者字

司馬公註同古本○善行已者秉理故无

轍迹善言事者中節故无過責

善數者无籌策

數上聲 王弼 嚴遵 同古本 河上公 作善計

籌策算數也○善數物者以一故无籌策

善閉者无關楗其偃切善結者无繩約
楗拒門木也或從金傍非也橫曰關竪曰
楗**傅奕**云古字作⿵門建○善閉情欲者以道
故无關楗善結人心者以德故无繩約
是以聖人常善救人故人无弃人常善救物
故物无弃物是謂襲明古本
嚴遵同古本○世俗之人行而有迹言而
有過數而有失情竇開而不能閉人心離
而不能合非惟自弃而所行所言不善人
物皆被其无窮之害矣是以聖人常善救

之俾歸眞道各得其所故人无弃人物无
弃物也襲明猶緝熙之意聖人救人物之
道至公无私此惟无隱彼將自明譬燈之
傳燈及其明也混而爲一不知孰爲前燈
之明孰爲後燈之明傳之无窮其明无盡
是謂密傳之明也人能傳此至明非特成
已成人又能輔万物之自然而无弃人弃
物也蘇曰救人於危難之中非救之大者
也方其流轉生死爲物所蔽而推吾至明
以與之使暗者皆明如燈相傳襲而不絶

則可謂善救人矣

故善人不善人之師不善人善人之資

善人者繼道之人先覺者也非強行善乃術本然之善也不善人未覺者也非本不善未明乎善也師者人之模範故先覺者是未覺者之模範也資貸也未覺者亦有先覺者之資貸也人皆可以為善人特其未覺而藉先覺者覺之耳

不貴其師不愛其資雖知去声大迷是謂要妙

以先知覺後知以先覺覺後覺師固當貴

資固當愛然而大道之妙歸於自得儻徒貴其師而不反求於吾身之中徒愛其資而不使反求其中皆外學也苟於中而自得其道則師自然无愛資之心資自然无貴師之心若師尚有愛資之心資尚有貴師之心則是未與道合通也故善人之道如陽和陶物公而無私薰然融怡使人自得之也一旦洞悟則默契玄同之真了无貴愛之迹此自古至今不傳之傳也是道也及其至也雖智者亦有所不曉此乃所

謂道之要妙也是則悟者自得豈容私貴私愛於其間哉故莊子天運篇載使道而可獻則人莫不獻之於其君使道而可進則人莫不進之於其親使道而可以告人則人莫不告其兄弟使道而可以與人則人莫不與其子孫然而不可者无他也中无主而不止外无正而不行由中出者不受於外聖人不出由外入者无主於中聖人不隱

蘇曰聖人之妙雖智有所不喻也

知其雄章第二十八

善則復歸於朴而无割故次之以知其

知雄章　第二十八

知其雄守其雌爲天下谿爲天下谿常德不離平聲復歸於嬰兒

雄釋云武稱一曰鳥父以譬剛動也雌釋云牝也又鳥母以譬柔靜也尒雅水注川曰谿夫剛動則躁進柔靜則謙下故知其剛動則守其柔靜爲天下谿者以謙自處如谿之善下也謙下則常久之德不離於身是以反歸於嬰兒之時神全而氣和矣

知其白守其黑爲天下式爲天下式常德不忒復歸於无極

白昭明也黑玄冥也式法也○守柔持謙其德昭明又當韜晦故知其昭明守其玄冥也爲天下式者不自炫耀人皆法之人皆法之則常德不差是以反歸於无窮矣

知其榮守其辱爲天下谷爲天下谷常德乃足復歸於朴

尒雅水注谿曰谷朴純朴也○韜光晦迹人皆法之其德尊榮不敢矜伐故知其尊

樂而守其卑辱也爲天下谷者虛而能容
深不可測人歸之如水之赴谷也虛而能
容則常久之德無有不備是以反歸於純
朴也純朴不散則非器矣朴說文木素也
朴散則爲器聖人用之則爲官長故大制割无
長上聲主也大也无割嚴遵同古本
河上公與世本作不割○凡有官守而爲
天下用者皆器也器者朴之散才器固皆
有用而不可闕然譬猶手執而不能行足
行而不能執皆非道之全體也惟聖人自

柔靜謙和而至於昭明自昭明不耀而至於尊榮自尊榮不矜而復歸於朴是以能用天下之才而爲官守之主故大制天下者其道純而不離猶朴全而无割也

將欲章第二十九

復歸於朴則无甚奢泰矣故次之以將欲取天下而爲之章

將欲取天下而爲之者吾見其不得已湆

已語助。謂天地人物固有常矣君天下者當輔萬物之自然不可妄爲河上公曰

欲以有爲治民蘇曰聖人之有天下非取
之也万物歸之不得已而受之其治天下
非爲之也因万物之自然而除其害尔若
欲取而爲之則不可得矣
夫天下神器不可爲也爲者敗之執者失之
夫字阮籍同古本。夫天下之大語其分
則一物各具一神語其混則物物統歸一
神故曰神器是則隱然有主宰在其間固
不可亂其常矣豈容加一毫私意以爲之
儻背道叛德有爲以撓自然者犯其神也

神必禍之匡下縱欲執持以爲已有者侵其神也神不與之**河上公**曰以有爲治之則敗其質朴也强執教之則失其情實也**蘇**曰凡物皆不可爲也雖有百人之聚不循其自然而妄爲之必有齟齬而不服者而況天下乎雖然小物寡衆蓋有可以力取而智奪者至於天下之大有神主之不待其自歸則叛不聽其自治則亂矣

故物或行或隨或噤或吹或彊或剉或培或墮是以聖人去上聲甚去奢去泰

音辯 玄故一作凡噤字 嚴遵 同古本注引楚辭口噤閉而不言或彊或剉或培或隳 嚴遵王弼傅奕阮籍 同古本剉寸臥切折傷也培蒲枚切 傅奕 引字林云益也隳徒果切傅奕引字林云落也 河上公 改噤作呴改剉作羸改培作載改隳作隳今仍從古本去撥也。夫陰陽運行寒暑來往一消一息神用无窮故天下之物或有行於前而或有隨於後者或有噤閉而或有吹噓者或有彊梁而或有剉折者或有培益

而或有墮落者此皆有神司之故不可爲
不可執也是以聖人无爲无執惟去其甚
去其奢去其泰使不至於過也
以道佐人主章第三十
能去甚去奢去泰則用道矣故次之以
以道佐人主章
以道佐人主者不以兵強天下其事好還師
之所處荆棘生焉大軍之後必有凶年
還旬緣切經史旋還通○謂爲人臣者當
人常道輔佐人主使國泰民安不可无事

之事而尊以兵強天下蓋其傷殺之事好還報也但有遲速耳觀諸往驗老氏豈虛言之錐然此謂爲國不以道專務以兵強天下非不得已而用之者言也若夫周公之誅三監以禁暴除亂皆出於不得已而用之事定則止不驕不伐何還返之有哉五人爲伍五伍爲兩去声四兩爲卒五卒爲旅五旅爲師五師爲軍一万二千五百人也大國三軍謂軍師所處之地農事廢弛草木遂長用兵之後殺氣傷和凶年必至

故善者果而已不敢以取強
一本強字下有爲字善者吉且无咎也易之師卦曰師貞丈人吉无咎伊川曰蓋有吉而有咎者有无咎而不吉者吉且无咎乃盡善也又曰比卦以一陽爲衆陰主而在上君之象也師卦以一陽爲衆陰主而在下將帥之象也然則陽本主生兵本以禁暴除亂不得已而用之也禁其暴除其亂以活生靈乃生生之道也帥師者必好生然後能制殺尓若非貞丈人則求其吉

而无咎難矣哉吉且无咎者出以律動以
義決之而已不專以兵取強也蘇曰果決
也德所不能綏政所不能服不得已而後
以兵決之耳司馬遷亦云果決也王弼云
果猶濟也溫公云果猶成也大抵禁暴除
亂不過事濟功成則止

果而勿矜果而勿伐果而勿憍果而不得已
是謂果而勿彊物壯則老是謂不道不道早已

憍矜也舊本亦與驕通伐自稱美也一本
下句无謂字○決之而勿矜其能勿伐其

功勿憍其勢決之於不得已此所謂決之而非以兵取強也凡物之壯者必老惟道則无壯无老苟不體道而又恃兵爲壯得无老乎知壯極則老能早止兵則庶幾於道矣

夫佳兵章第三十一

以道佐人主則不用佳兵故次之以夫佳兵章

夫佳兵者不祥之器物或惡之故有道者不處

謂佳好之兵凶器也聖王用兵惟以禁暴除亂非欲害无辜之民也然兵行之地非

[illegible]民被其害昆蟲草木亦受其災是以物
或惡之故有道者焉肯處此以害人物也
雖然文事必有武備若夫高城深池厲兵
秣馬後世固不可闕但有道者惟以之禦
暴亂不以之取強迫不得已而用之不處
以爲常也 蘇 曰以之濟難而不以爲常是
以不處
是以君子居則貴左上声用兵則貴右上声兵者
不祥之器非君子之器不得已而用之
河上公 本无是以字○左陽也主生右陰

也主殺是以居常則貴左用兵則貴右蓋
殺伐之事非以爲常也兵者凶器非君子
之器不得已而用之故凡兵至於不容不
用則君子惟以禁暴除亂也
恬淡爲上故不美也若美之必樂之樂之者
是樂殺人也夫樂殺人者不可以得志於天
下矣故吉事尚左凶事尚右是以偏將軍處
左上將軍處右言居上勢則以喪禮處之殺
人衆多則以悲哀泣之戰勝者則以喪禮處之
恬安也樂上二字音洛下並魚教切欲也

道常无名章第三十二

兵以禁暴除亂非以取強惟能守道則

万物自賓故次之以道常无名章

道常无名樸雖小天下莫能臣王侯若能守之万物將自賓天地相合以降甘露人莫之令而自均

樸指道而言甘露者和氣所致乃王者有德之應令命也亦發號也○道常无名固不可以小大言之聖人因見其大无不包故強為之名曰大復以其細无不入故曰

小也然雖以小而言之天下亦莫能臣使之也王侯若能守道則万物將自賓服何以兵為无殺氣則天地之氣亦交通成和以降甘露豈有凶年至於人亦不待發號施令而自均平此王者道化流行之效也

始制有名名亦既有夫亦將知止知止所以不殆譬道之在天下猶川谷之與江海也

夫亦將知止焉誕王弼 同古本 ○道本无名老子初不得已而強為之名以發明後世此始制有名也名亦既有則可因有名而

反身以求无名之樸自然純備无間雜欠闕此所謂止於至善也无名之樸道也求之於吾心之初則得之矣豈可不知止而更欲外起妄情自取危殆邪故知止所以不殆王侯守道而在天下則万物歸之譬如川谷之與江海也蓋道者万物之所宗江海則川谷之所歸也

蘇曰江海水之鍾也川谷水之分也道万物之宗也万物道之末也皆水也故川谷歸其所宗皆道也故万物賓其所宗

知人者知章第三十三

能守道則不失其所死而不亡故次之

以知人者知章

知人者知也自知者明也

古本每句下有也字文意雍容世本並无也字至不失其所者久若无也字則文意不足今依古本○人能虛靜則可以知人可以自知知人以智言非私智也猶止水之燭物也自知以明言乃本明也猶止水之湛然也莊子天道篇有曰水靜則明燭

鬚眉平中準大匠取法焉水靜猶明而況精神聖人之心靜乎天地之鑒也万物之鏡也

河上公曰能知人好惡是智人也自知賢與不肖謂反聽无聲內視无形故爲明也

勝人者有力也自勝者強也

勝克也守道之士謙柔自處未嘗欲勝人而人每不能勝之者惟其有定力故也定力者何能克去己私而全乎天理此自強也

知足者富也強行者有志也

知万物皆備於我者則莫富於此也得是
而自強不息者有志於道也
不失其所者久也死而不亡者壽也
道不可以方所言此言所者以万物由是
出而言也人能有志於道不離於初故不
失其所如此者乃久也其形雖死其神不
亡如此者方爲壽也莊子田子方篇載草
食之獸不疾易藪水生之蟲不疾易水行
小變而不失其大常也蘇曰物變无窮而
心未嘗失則久矣死生之變亦大矣而其

性湛然不亡此古之至人能不生不死者也

大道汜汜兮章第三十四汜音泛

雖自知不失其所死而不亡而終不自爲大也故次之以大道汜汜兮章

大道汜汜兮其可左右

大道汜汜兮周流无窮不可止以左右言今言其可左右者謂可以左可以右也无可无不可无在无不在也

万物恃之以生而不辭功成不名有衣被万物而不爲主

恃依賴也衣被王弼馬誕同古本衣被猶覆蓋也○万物依賴於道以生而道未嘗爲辭生物之功既成未嘗名爲已有又覆蓋万物而未嘗爲主也

故常无欲可名爲小矣万物歸之而不知主可名爲大矣

万物歸之而不知主王弼司馬公同古本○道不可以小大言故以其常无纖毫之欲而言之則可名爲小矣以其万物歸之而不知主而言之則可名爲大矣道何嘗

自爲大也惟常无欲而已亦何甞知万物歸之欲爲之主也哉

是以聖人以其終不自爲大故能成其大

嚴遵 **王弼** 同古本○是以聖人體道无欲終不自爲大也故以其終不自爲大万物自然歸之故能成其大矣一有纖毫之私欲則物不歸之安能成其大也 **蘇** 曰大而有爲大之心則小矣

執大象章第三十五

大道汜汜兮而用之不可既故次之以

執大象章

執大象者天下徃徃而不害安平泰

道不可執此言執者謂守道者如手之執物不可失也道本无象此言象者以万象皆由是而兆見故曰大象也聖人能執道不失則天下皆心徃而誠歸之非聖人有招來天下之心也天下皆心徃而誠歸之並育而不相害者惟聖人一毫无私欲神安氣平而極於精通无一物不得其所聖人安平泰而天下亦自然安平泰也

樂與餌過客止道之出言淡兮其无味視之不足見聽之不足聞用之不可既

出言同古本 王弼 既盡也○此起譬也張樂設餌以留過客過客非不爲之止也然樂餌終則客去矣豈同夫執大象者天下自然歸之而不離也哉蓋道之出言雖淡兮其无味且又道无形聲視之不足見聽之不足聞然而用之則不可窮盡也 蘇曰 作樂設餌以待來者豈不足以止過客哉然而樂闋餌盡將舍之而去若夫執大象

以待天下天下不知好之又况得而惡之
乎雖无臭味形色聲音以悅人而其用不
可盡矣

將欲翕之章第三十六

執大象者必能知消息盈虛之運而常
以柔弱之道勝剛強也故次之以將欲
翕之章

將欲翕之必固張之將欲弱之必固強之將
欲廢之必固興之將欲取之必固與之是謂
微明柔之勝剛弱之勝強

翕歛也合也聚也【王弼】同古本取一作奪非古也○爐之有鞴方可治鍊夫鞴之將欲翕也必固張之張之不固則不能翕也其次可以類推天下之理有張必有翕有強必有弱有興必有廢有與必有取此春生夏長秋歛冬藏造化消息盈虛之運固然也然則張之強之興之與之之時已有翕之弱之廢之取之之幾伏在其中矣幾雖幽微而事已顯明也故曰是謂微明或者以此數句爲權謀之術非也聖人見造

化消息盈虛之運如此乃知常勝之道是
柔弱也蓋物至於壯則老矣
魚不可侻於淵邦之利器不可以示人
侻吐活切輕侻也傅奕云別本作脫消肉
癯也韻略訓骨去肉也邦一作國今依古
本利器兵器也○此起譬也西昇經曰天
下柔弱莫過於炁炁莫柔弱於道然則道
之所以柔弱者包羅天地貫穿万物乃常
勝也又曰人在道中道在人中魚在水中
水在魚中道去人死水乾魚終是知魚以

喻人淵以喻道魚侻淵則終人離道則死矣故有邦家者當以道自重不可以利器示人也是何故邪其事好還亦如消息盈虚之運也方其張之強之興之與之之時已有翕之弱之廢之取之之幾伏在其中矣惟聖人於其幽微而見其顯明知物壯則老故常以柔道自處雖然廢興之機天也有道者順天應人事定則修德也治國不以道而以世俗之所謂聖智仁義巧利示天下而使之亂者亦猶以利器示人也

利器本欲以禁亂而人反資以爲亂聖智仁義巧利本欲以利天下而人反資以弑君竊國陳恒是也曷若以道自重无爲无欲而自靖邪非明於微者不足以洞此故易曰知幾其神乎**河上公**以權道爲利器**韓非**以勢爲淵以賞罰爲利器**子由**以柔弱爲利器**王雱**以剛強爲利器遂使後世疑此章爲權謀之術皆不得老氏之意也蓋老氏謂兵事好還不得已而以禁暴除亂不可以兵取強謂強梁者不得其死不

知柔弱謂聖智仁義巧利本欲以利民而其末必至於有害以爲不若相忘於道德此知幾也故切切明夫人不可離於道譬之魚不可脱於淵也此豈權謀之術哉爲人主者不以道德化人而以利器示人則是魚之脱於淵也潛心於此者不可不辨大率此道仁者見之謂仁之智者見之謂之智更在後之君子不以人爲輕重審其是而已矣

道常无爲章第三十七

能以柔弱之道勝剛強則万物自化至於无名之樸亦將不欲故次之以道常

无爲章

道常无爲而无不爲王侯若能守之万物將自化

虚靜恬淡无爲也天地人物得之以運行生育者无不爲也王侯若能守道而虚靜恬淡則无爲矣万物將自化其虚靜恬淡則是无不爲矣化者雖有氣質昏隔躁動多欲者亦將不待教令自然變而化成虚靜恬

淡矣是何故邪在上者无爲无欲也
化而欲作吾將鎮之以无名之樸
吾者指王侯而言作動起也鎮者安也重
也壓也无名之樸道也○人之心易塞而
難虛易動而難靜易遷而難守易變而難
常雖已相化而或有復爲外物所動欲起
妄作者則吾將鎮之以道使不敢妄作也
无名之樸夫亦將不欲
治國者天下既无妄作之人則无名之樸
亦无所用之矣寂寂虛通蕩蕩无迹譬如

无病而忘藥達岸而捨舟矣若夫學道之士因言以明道悟道則忘言若復執着有无豈解玄妙故曰无名之樸亦將不欲

不欲以靜天下將自正

正平也定也不枉也○君天下者至於欲樸之心亦无則純於道也安有妄動哉无思无爲不動而化不言而信垂衣拱手天下不待教令而將自平正也太古之風不過如是而已從事於道者至於純則化矣不可以有加矣不知道爲吾而吾爲道矣

故以是結上經焉

老子道德經古本集註上

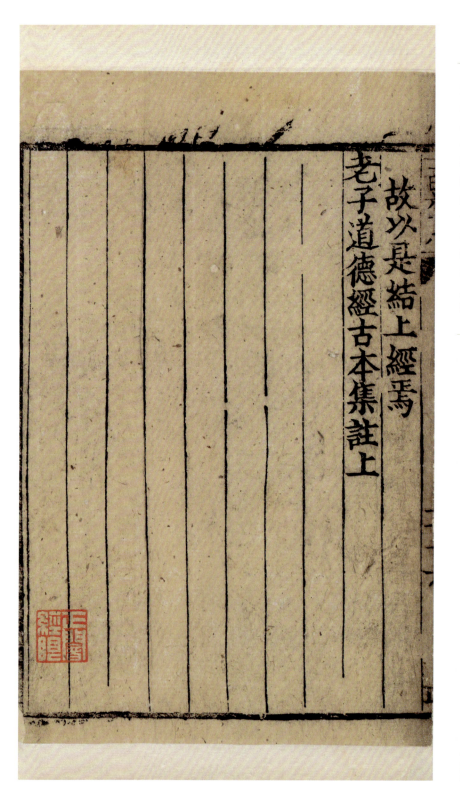

老子道德經古本集註下

范應元集註直解

上德不德章第三十八

上德不德是以有德

孔子不居其聖乃所以有德　體道而有得於已之謂德王弼曰有德則遺其失不德則遺其得河上公曰上德謂太古無名號之君德大無上故言上德也不德者言其不以德教民因循自然養人性命其德不見故言不德也言其德合於天地和氣

流行民德以全也

下德不失德是以無德

拳拳服膺而不敢失是未能化者也故於上德為有間矣河上公曰下德謂號諡之君德不及上德故言下德也不失德者其德可見其功可稱也以有名號及其身故

蘇曰夫德者性之端道之用也聖人之德配天而無所不利天何言哉故上德不以德為德是以有大德下德纔有微善執為大德揚名要譽是以無德上德無為而道

法自然包乎天地運乎日月散乎人物我於中出而得之斯其所謂德也原夫上古太朴未散所謂德者得之於自然无形无迹无名无聲默運之頃自然與天地同其長久自然與日月同其常升斯曰上德不德是以有德也至於下古太朴既散所謂德者不失於顯然如是爲聖如是爲賢反而觀之其視不可道者爲難至其視不可名者爲莫及斯曰下德不失德是以无德

上德无爲而无不爲

此句韓非王弼郭雲傅奕同古本河上公作上德无爲而无以爲今從古本此復釋上德也謂上德者不言而信不動而化无爲而无不爲也韓非云虛則德盛德盛之謂上德故上德无爲而无不爲也音辯云韓非出於戰國必見先秦古書

下德爲之而无以爲

韓非王弼郭雲傅奕同古本河上公作下德爲之而有以爲今從古本○此復釋下德也謂下德爲之而无以爲者無其

當然也无私意以爲之王弼云下德爲之而无以爲者無所偏爲也今引韓非王弼兩家註者无它焉姑以證古本也

上仁爲之而无以爲上義爲之而有以爲

仁者愛之理也義者事之宜也愛出乎理謂之上仁上仁爲之而无以爲者非以要譽也无所爲去聲而爲之也事得其宜謂之上義上義爲之而有以爲者將以處事也苟无私意以爲之則得其宜纔有私意以爲之則失其宜起爭端也蘇曰仁義皆不

免於爲之矣其所以異仁以无以爲爲勝義以有以爲爲功德有上下而仁義有上无下何也下德在仁義之間而仁義之下者不足復言故也

上禮爲之而莫之應則攘臂而扔之

之應一作知應應應者應對之應攘音穰揎袖出臂曰攘扔字王弼與古本同音辯云引也就也推也音認又音仍玉篇扔字人烝切因也世本作仍今從古本○禮者天理之節文人事之儀則也體雖嚴而用不

迫謂之上禮以敬爲主以和爲貴以此教人而齊民也然教者必以正以正不行是莫之應也以正不行繼之以怒攘臂而扔引之則反夷矣夫子教我以正夫子未出於正也當此之時敬和安在哉不如脩其身而天下平也　河上公曰言禮華盛實衰動則離道不可應也上下忿爭故攘臂相扔也　蘇曰自德以降而至於禮聖人之所以齊民者極矣故爲之不應則至於攘臂而強之強之而又不應於是刑罰興而甲

兵起則徒作而无術矣張沖應曰周禮備
而六國爭雄唐禮成而五季交擾
故失道而後德失德而後仁失仁而後義失
義而後禮夫禮者忠信之薄而亂之首也
夫發語之端盡已之謂忠以實之謂信自
失道之後愈降愈下人鮮能盡已以實是
忠信之薄也忠信薄而後約之以禮使之
循規蹈矩弟畔於道及其末也以文滅質
反爲亂階之首也
前識者道之華而愚之始也

前識猶言先見也華榮也道之散也謂制禮之人自謂有先見故因天理而爲節文以爲人事之儀則也然使人離質尚文乃道之華也漸至逐末忘本姦詐日生人之愚昧自此始也

是以大丈夫處上声其厚不處其薄處其實不不處其華故去上声彼取此

韓非嚴遵同古本一本下兩句處作居○

大丈夫君子也是以大丈夫處其忠信之厚而不處其薄處其道之實而不處其華

蓋知仁義禮其末必至於亂不如相忘於道德也故除彼薄與華而取此厚與實矣孔子曰先進於禮樂野人也後進於禮樂君子也如用之則吾從先進程子註曰先進於禮樂文質得宜今反謂之質朴後進於禮樂文過其質今反謂之彬彬而以爲君子蓋周末文勝故時人之言如此不自知其過於文也用之謂用禮樂孔子既述時人之言又自言其如此蓋欲損過以就中也然則孔子其亦處其厚與實者歟

昔之得一章第三十九

德由自得而立名故次之以昔之得一章

昔之得一者天得一以清地得一以寧神得一以靈谷得一以盈万物得一以生王侯得一以爲天下貞

貞正也王弼郭雲同古本一本貞作正亦後人避諱也河上公本作侯王○物有万殊道惟一本故昔之得一者天得之以清地得之以寧神得之以靈谷得之以盈万物得之以生王侯得之以爲天下貞是以

各由其一而不自以爲德也

其致之一也天无以清將恐裂地无以寧將恐發神无以靈將恐歇谷无以盈將恐竭万物无以生將恐滅王侯无以爲貞將恐蹷

古本如此 河上公 爲貞下有而貴高三字

致推而極之之謂發動也蹷音厥僵也○其推而極之一也蓋一本通乎万殊万殊由於一本所以謂之一也故天地神谷万物王侯皆不可離於一也豈自以爲德哉

故貴以賤爲本高以下高上爲基是以王侯自

稱孤寡不轂是其以賤爲本也非歟
王弼同古本河上公作此非以賤爲本耶
非乎今從古本○轂善也又百穀之總名
也春秋王者多稱不轂夫一視之不足見
聽之不足聞賤且下也然天地神谷万物
王侯皆得之以爲本實至貴至高也故貴
當以賤爲本高必以下爲基是以王侯自
稱孤寡不轂者是其以賤爲本也非歟者
設問也言實以賤爲本也而自稱孤稱寡
有善而自稱不善者乃不自以爲德也蘇

曰天地之大王侯之貴皆一之致夫一果何物也視之不見執之不得則亦天下之至微也此所謂賤且下也

故致數譽辞无譽不欲琭琭若玉落落若石

數音朔譽稱美也王弼同古本河上公作數車无車陳碧虚云依古本作譽琭音祿王貞若字河上公作如今從古本○夫一乃万物之本至貴至高而无形无聲非稱美可盡而況其它乎故推而極之數數稱美者无美也不德者乃有德也是以王侯

不欲琭琭若玉之貴但落落若石之賤也

反者道之動章第四十

一乃生物之本故次之以反者道之動章

反者道之動弱者道之用

反復也靜極而復道之動也柔弱之至道之用也蘇曰復性則靜矣然其寂然不動感而遂通天下之故則動之所自起也道无形无聲天下之弱者莫如道而天下之至強莫能加焉此其所以能用万物也

天下之物生於有有生於无

万物生於有形而有形生於无形大道无形動則生物其用至弱常勝剛強昧者每每妄動而不知靜以復命比比剛強而不用弱以全生惟知物生於有而不知有生於无罔察根本弗洞變化焉能虛通而得老氏長生之道哉曰世不知靜之爲動弱之爲強故告之以物之自生者蓋天下之物聞有母制子未聞以子制母者也

上士聞道章第四十一

大道无形動則生物上士常靜動不離

道故次之以上士聞道章

上士聞道懃而行之中士聞道若存若亡

古本作懃聞道而懃行不怠者乃上士也聞道而若存若亡者乃中士也

下士聞道而大笑之不笑不足以爲道

古本有而字聞道而大笑之者乃下士也下士聞道而笑者以爲虛无而笑也又聞弱之勝剛柔之勝強貴以賤爲本高以下爲基皆不信而笑之也殊不知實運於虛有生於无虛无自然正是道之體柔弱賤

下正是道之用也故曰不笑不足以爲道
故建言有之曰
王弼孫登阮咸同古本河上公本无曰字
○建立也故立言有之曰謂下文也
明道若昧進道若退夷道若類上德若谷
夷等也易也說文玄正也纇古本音耒絲
節也河上公作類今從古本○道之明者
微妙幽玄故如昏昧道之進者不與物爭
故如退縮道之夷者高下隨宜故如不平
等也德之上者虛而能應故如空谷

大白若黷廣德若不足建德若輸質眞若渝

黷音辱黑垢也古本如此河上公作辱輸傅奕云古本作輸引廣韻云輸愚也河上公作偷乃草字變車爲手傅奕云手字之誤動經數代況辱字少黑字乎傅奕當時必有所據王弼作偷董遇作揄今從古本質朴也眞實也渝變也○白之大若和光同塵故如垢汙德之廣者不自盈滿故若不足德之建者不求勝人不炫聰明故如輸愚眞之質者隨宜應物故如渝變

大方无隅大器晚成
隅釋去角也方之大者无所不通故无圭角器之大者真積力久故晚而成已上皆言行道之士深不可測有如此者
大音希聲大象无形道隱无名
大道无聲而衆音由是而出乃音之大者也大道无象而衆象由是而見乃象之大者也既无聲无象焉得有名可謂隱矣故道隱於无名也是以下士聞之則大笑之
中士聞之則若存若亡也若非上士聞而

了悟安能懃而行之

夫惟道善貸且善成

嚴遵王弼同古本河上公作善貸且成今從古本○貸施也謂道雖隱於无名然而夫惟此道善貸施万物而且善成之也

道生一章第四十二

上士聞道懃而行之故次之以道生章

道生一一生二二生三三生万物

道一而已故曰道生一也猶言易有太極也一之中便有動靜動曰陽靜曰陰故曰

一生二也康節所謂天向一中分造化者是也一與二便是三故曰二生三也其實一也然動靜无端陰陽无始一亦非一但形於言則不可不謂之一也初不是逐旋生之也其曰生者亦猶言大極動而生陽動極而靜靜而生陰也陰陽不可不以二而言之然陽自陰來陰自陽來其實一也孔子所謂一陰一陽之謂道是也周子所謂二本則一亦是也蓋二與一便是三也自三以往生生不窮故曰三生万物也愚

何以知其然哉於吾心之初而得之也通乎此則知夫道本強名尒何況一二三乎皆自然也

万物負陰而抱陽盅氣以爲和

古本作盅器虛也河上公作沖虛也和也今從古本○形而上者謂之道形而下者謂之器蓋器有形也道无形也凡有形之物皆有无形者寓其閒也故陰陽之氣交通成和而物生焉万物負陰抱陽盅氣爲和皆自然之理也河上公曰万物中皆有

元氣得以和柔若㑹中有臟骨中有髓草木中空虚與氣通故得以生也

人之所惡去声惟孤寡不穀而王侯以自謂也

嚴遵同古本河上公作而王公以爲稱今從古本○穀善也孤寡不穀人之所惡而王侯以此自謂者孤寡乃法道之一不穀則不自稱善也人君以沖眇自稱者亦法道之沖虚微眇也豈自尊自大而自以爲有德哉蘇曰世之人不知万物之所自生莫不賤寡小而貴衆大然王公之尊而自

稱孤寡不穀古之達者蓋已知之矣
故物或損之而益或益之而損人之所以教
我而亦我之所以教人強梁者不得其死吾
將以為學父
王弼嚴遵同古本河上公作人之所教亦
我義教之強梁猶言剛暴也音辯云古本
作學父河上公作教父按尚書惟斆學半
古本並作學字則學宜音斆亦教也義同
父始也今並從古本○謙受益滿招損物
皆然物既如是則王侯固當謙虛不自滿

也人之所行可以教我我之所行亦可以教人是何故邪人之強梁者不得其死是所以教我不可以強梁也則吾將以爲斆之始也而我之柔弱者常全乎生是亦所以教人可以柔弱也人亦可以此爲斆之始也蓋大道虛无柔弱乃不言之教父也觀道生一一生二二生三三生万物万物負陰而抱陽盅氣以爲和皆自然之理也人能體是而行一動一靜循乎自然則事无不成物无不和也何以強梁爲哉河

上公曰強梁者謂不信玄妙背道叛德尚勢任力也不得其死謂兵刃所伐王法所殺不得以命死也

天下之至柔章第四十三

強梁者不得其死故次之以天下之至柔章

天下之至柔馳騁於天下之至堅

淮南子有於字與古本同○至柔謂道之用也至堅謂物之剛者道能運物是至柔馳騁於至堅也

出於无有入於无間去聲

間隙也傅奕嚴遵同古本河上公本少出於二字○无有者道之門也无間者物之堅實而无間隙者也凡以物入物必有間隙然後可入惟道則出於无有洞貫金石可入於无間隙者矣

吾是以知无爲之有益

吾者老子自稱也謂道之所以馳騁於至堅入於无間者惟柔弱虛通而已豈有爲哉吾是以知无爲之有益而无損也人能

體此道而虛心應物則不言而信不動而化无爲而成豈无益也

不言之教无爲之益天下希及之

不言之教柔弱也无爲之益虛通也蓋柔弱虛通者大道不言之教无爲之益也故人當體之而天下之人蔽於物欲好尚強梁有爲自生障礙是以罕有及此道者矣

名與身孰親章第四十四

知无爲之有益則知足知止故次之以名與身孰親章

名與身孰親身與貨孰多得與亡孰病

世俗之人多輕身而徇名貨貪得而不顧危亡故老子問之曰身與名貨孰親孰多必竟是身親於名身重於貨也至於名貨得而身致危亡孰爲病邪蓋因貪名貨而致身亡必竟是身元无病而名貨致病也

是故甚愛必大費多藏必厚亡 知足不辱知止不殆可以長久

費耗也厚重也 知足則簞食瓢飲而自樂知止則功成名遂而身退此老子復曉人

曰是故甚愛名者則必大費精神多藏貨
者則必重失身命惟知足知止而不貪名
貨者則不致汙辱危殆可以長且久也

大成若缺章第四十五

知足知止則不弊不窮故次之以大成
若缺章

大成若缺其用不弊大滿若盅其用不窮大
直若詘大巧若拙大辯若訥

弊困也大滿若盅郭雲王弼同古本詘音
屈枉曲也太史公司馬談同古本○夫道

功成而不處大成者无物不成而不處其
功故若鈌也其用是以不困夫道在阬滿
阬在谷滿谷大滿者无所不滿而不見其
迹故若虛也其用是以不盡大直者順物
自然故若詘也大巧者至妙无機故若拙
也大辯者不言而信故若訥也此五者惟
其如此故能大也下三者不言用蓋其用
亦同上二者

躁勝寒靜勝熱知清靜以爲天下正

古本有知以二字〇躁極則寒寒則万物

凋零靜極則熱熱則万物生長是知躁動者死之根清靜者生之根故知清靜者以爲天下之正也體道者成而若缺滿而若盅直而若詘巧而若拙辯而若訥亦无出於清靜矣雖然人豈有靜而不動者哉但不可躁暴常當以清靜爲正尒河上公曰勝極也

天下有道章第四十六

知清靜以爲天下正則无欲矣故次之以天下有道章

天下有道却走馬以糞天下无道戎馬生於郊罪莫大於可欲禍莫大於不知足咎莫憯於欲得

邑外曰郊憯音慘痛也古本如此〇天下有道之時人皆清靜无欲遂无交爭故却除走馬之事以糞治田疇也天下无道之時人皆躁動多欲遂有交爭故戎馬生於郊境也罪過也欲貪也可欲謂凡可貪之事物也可貪則多愛愛則求於外而有過愛之不已則不知足故過積而爲禍禍害

也謂害於人而害於身也猶不知禍凡所
貪者又必欲得之彼〻愛欲遂起交爭致
禍積而爲咎咎釋云災也故咎莫憯於欲
得蓋必欲得之而不知人之痛遂致天災
之也西昇經曰欲者凶害之根兵者天下
之大凶事有國有家者儻不知去欲是不
審戎馬之所由生也**蘇**曰以其可欲者示
人固有罪矣而不足其足者其禍尤甚所
欲必得者其咎最大匹夫有一於身患必
及之侯王而爲是則戎馬之所自起也

故知足之足常足矣

夫惟有道則清靜恬淡知天下之物无可貪者无不足者故知足之足常足矣人能明道自然知足 蘇曰知足者所遇而足是无不足也

不出户章第四十七

清靜无欲則天下自化故次之以不出户章

不出户可以知天下不闚牖可以見天道

傅奕韓非 與古本有可以字古本作闚音

窺○與我同一初者天下也何待出户而知天爲自然者天道也何待闚牖而見

其出彌遠其知彌尟想踐切

尟字韓非王弼同古本○彌益也尟少也求之於外者出益遠而知益少也

是以聖人不行而知不見而名不爲而成

聖人得之於内是以不行而能知天下者知其猶是也不見而能名天道者名其无爲也不爲而能成万物者成其自然也蘇曰性之所及非特能知能名而已可以因

物之自然不勞而成之矣

爲學日益章第四十八

能不出戶而知天下不闚牖而見天道者則常以无事而取天下矣故次之爲學日益章

爲學者以益爲道者日損

傅奕嚴遵與古本有者字○爲俗學者則日益多事而心不虛爲常道者則日損私欲以致虛河上公曰學謂政教禮樂之學也日益者情欲文飾日以益多也道謂自然之道日損者情欲文飾日以消損也蘇

曰不知道而為學聞見日多而无以一之未免為學者也孔子曰多聞擇其善者而從之多見而識之知之次也苟一日知道顧視万物无一非妄以求復性而性實无幾孔子謂子貢曰賜也女以予為多學而識之者歟曰然非歟曰非也予一以貫之損之又損之以至於无為无為則无不為

司馬温公與古本有兩之字則字陳韶王

弼同古本○人心本虛私欲窒之則難復其初漸去[illegible]之又去之以至於无為則仍

虛矣无爲虛也无不爲通也虛則通矣

將取於天下者 古本 常以无事及其有事不足以取天下

心虛則道通以道化民則无事矣雖不取天下而人心自然歸之及其政令煩刑法嚴則雖欲取天下而人心不歸之矣

聖人无常心章第四十九

一取天下者常以无事故次之以聖人无常心章

聖人无常心以百姓之心爲心

古本有之字○聖人无常心者无爲无欲不倚於一物湛然虚明寂然不動純乎道也以百姓之心爲心者感而遂通天下之故也蓋是心之初无有不同是以聖人不敢有爲多欲以生百姓之妄心但感而後以道應之尒

善者吾善之不善者吾亦善之德善矣信者吾信之不信者吾亦信之德信矣

百姓之善者能明本善循乎自然也聖人以道而善之則其善心自固矣百姓之不

善者未明本善私欲蔽之也聖人亦以道
而善之則將化而復歸於善也此所謂德
善矣蓋百姓與聖人得之於初者未嘗不
善也百姓之信者以其誠實也聖人以道
而信之則信心自不變矣百姓之不信者
因私欲而詐偽也聖人亦以道而信之則
將化而復歸於信也此所謂德信矣蓋百
姓與聖人得之於初者未嘗不信也是以
聖人非察察分別天下之善與不善信與
不信而區區生心作意以爲善爲信也惟

守道而已

聖人之在天下歙歙焉爲去天下渾上声心焉

嚴遵王弼同古本○歙音吸收斂也渾大也合也混沌之混同陰陽未分也聖人之心與百姓之心其初均同乎虛靜純粹至善未有惡也惟聖人清靜无欲自全其初則百姓亦清靜无欲各全其初故聖人之在天下收歛其心无爲无欲頃刻不敢放縱則百姓自化此乃爲天下大合初心也

百姓皆注其耳目聖人皆咳之

咳何來切小兒笑皃舊本釋文並作咳○
百姓皆傾注耳目以觀聽於上是以聖人
清靜无欲皆使自化以全其初而不失其
赤子之心此愛養之至也

出生入死章第五十

无常心則不倚一物湛然虛寂无死地
也故次之以出生入死章

出生入死生之徒十有三死之徒十有三

此言五行之出生入死不逃乎數以言万
物之死生莫逃乎數也道所以陰陽陰陽

所以五行至五行則氣形質具有數存焉十三乃自然之數巨細之物皆不可逃也巳亥四數也戊癸辰戌五數也丁壬卯酉六數也丙辛寅申七數也乙庚丑未八數也甲己子午九數也水土生於申死於卯木生於亥死於午火生於寅死於酉金生於巳死於子生者死之徒死者生之徒故五行生死之數皆十三也曰生言出而死言入者何也對曰五行質具於地而氣行于天本无生死但其出則謂之生入則謂

之死皆不逃十三之數也曰巳亥何以得
四戊癸辰戌何以得五丁壬卯酉何以得
六丙辛寅申何以得七乙庚丑未何以得
八甲巳子午何以得九對曰此非圖莫能
示人○生死之徒十有三圖

甲 乙 丙 丁 戊
巳 庚 辛 壬 癸
子金死 丑 寅火生 卯水土死 辰 巳金生
午木死 未 申水土生 酉火死 戌 亥木生
九 八 七 六 五 四

曰此於圖已明矣十二并辰戌丑未何故不言五行對曰甲己化土乙庚化金丙辛化水丁壬化木戊癸化火而辰戌丑未屬土也曰數何以起於巳亥始於四而不始於一終於九而不終於十對曰善哉問數始於巳亥者六陽極於巳至午而一陰生六陰極於亥至子而一陽生蓋陽極則陰之所自生陰極則陽之所自生故數起於巳亥也數始於四而不始於一者蓋道生一一生二二生三三生万物物生然後有

象有象然後有數物得四數故物數始於四而不始於一也如大衍之數五十其用四十有九亦虛其一也復問曰此何以虛其三對曰三元是一一即是三解已具第四十章中終於九而不終於十者蓋不始於三不終於十乃十有三也始於四終於九亦十有三也歸之於中以五合八以六合七亦十三也故數終於九而不終於十也曰請問何以如此對曰數去數去籌策云乎哉不終不始者十有三而所以終万

物始万物者十有三此自然之數也五行生死尚不逃十三之數而況其它乎

民之生生而動之死地亦十有三

韓非嚴遵同古本○前言五行生死以總万物生死皆不逃十三之數今特指人而言者謂人與天地共判得五行之秀爲万物之最靈中有不終不始者存固有異乎物誠能虛靜无欲保神養氣則不囿十三之數儻自生其生而躁動多欲以適死地亦不逃十三之數尒

夫何哉以其生生之厚也

夫何哉韓非與古本同○夫何哉設問也復答曰民之所以亦不逃十三之數者以其自生其生之過也

蓋聞善攝生者陸行不遇兕虎入軍不被甲兵兕无所投其角虎无所錯措音其爪兵无所容其刃夫何哉以其无死地

攝引持也兕序姊切猛獸如牛狀青色一角虎鼻識神物錯置也○蓋嘗聞之善能引大持守其生者陸行則不遇兕虎之害

入軍則不被甲兵之傷夫何哉以其神氣全而无可以投角錯爪容刃之地不關於數也此乃與道合體非知巧果敢之列稽諸成道而物莫能傷之士不可具載程太虛仙師羅公遠真人其顯顯者矣蘇曰至人常在不生不死中生且无有烏有死地哉一作生地且无焉有死地哉

道生之章第五十一

五行一陰陽也其所以陰陽者道也故次之以道生之章

道生之德畜許六切之物形之勢成之

畜養也生物者道也養物者德也陰陽相摩物不得不形也寒暑相推勢不得不成也

是以万物莫不尊道而貴德

皆尊其生之所從而貴其養之所自也

道之尊德之貴夫莫之爵而常自然

道德非有爵而万物常自然尊貴之蘇曰恃爵而後尊貴者非實尊貴也

故道生之畜之長之育之亭之毒之蓋之覆之

畜積也覆復音副古本如此○物生之後積

累而長指春而言也長育指夏也亭毒指
秋也王弼李奇同古本傅奕引史記玄亭
凝結也廣雅玄毒安也蓋覆指冬也冬乃
万物歸根復命之時也四時所以行万物
所以生皆道也故先曰道
生而不有爲而不恃長而不宰是謂玄德
道生之而不以爲已有爲之而不自恃其
能長之而不爲之主是謂玄遠之德也有
德如此而人莫能知莫能見故曰玄
天下有始章第五十二

物自道生故次之以天下有始章

天下有始以爲天下母既得其母以知其子

道本无始此言有始者謂万物由是始也

母謂道也道者有而无形无而有精變化

不測通神達生故謂之母在人之身則爲

神明不可以言傳口授而得之也靜而无

欲道自居矣非天下之至神不能得之既

得乎此則以是而知其子子者一也虛而

无形以万物同得此所以謂之一也非天

下之至明不能知之知此則天地人物與

我同出而異名也河上公曰子一也既知
得道已當復知其一也
既知其子復守其母歿身不殆
既知其一復守其道則終身不危殆矣河
上公曰已知一當復守道反无爲不危殆也
塞其兑閉其門終身不勤開其兑濟其事終
身不救
兑說也門者以心神之出而言也濟成也
目說於色耳說於聲鼻說於香口說於味
皆汨於一心故塞其耳目鼻口之所說以

閑其一心之所欲則神明不出而終身不勞苦矣塞閑者雖色聲香味交陳於前而吾不說之即塞閑之義也莊子天運篇載塗郤守神與此義同成玄英疏云塗塞也郤孔也閑心知之孔郤守凝寂之精神然則儻閑其耳目鼻口之所說以濟其一心所欲之事則神明失而終身不可救矣

見小曰明守柔曰強

小謂一也一乃道之子微而難見見之者必玄覽能見一則真所謂明矣此釋知其

子之義柔謂道也道乃一之母弱而難守守之者必堅志能守道則眞所謂強矣此釋守其母之義

用其光復歸其明无遺去声身殃是謂襲常遺贈也心靜則虛虛則明明則有光用其光以接物反其明以歸虛用其光則兌雖通而无說歸其明則心常虛而神全此釋塞兌閉門之義能如是則不贈此身殃咎是謂密傳常道也此釋終身不勤之義若或開兌濟事則明逐物遷遺貽殃於身終身

不救而失道之常矣蘇曰世人開其所悅徇身徇物而不反聖人塞而閉之非絕物也以道應物用其光而已矣夫耳之能聽目之能視鼻之能嗅口之能嘗身之能觸心之能思皆所謂光也蓋光與物接有去而明不損是以應万變而不窮殃不及於身故其常性湛然相襲而不絕矣

使我介然章第五十三

善守道者循乎自然謹於施設故次之

以使我介然章

使我介然有知行於大道唯施是畏

使我者老子託言也施施平聲○謂使我介然有知行於大道唯施爲之是畏也蓋人生虛靜纖毫有知則介然于懷便不虛靜矣不虛靜則道不居之安能致和道本无爲纔有施設則涉乎迹矣一涉乎迹則亂所由生大有可畏動可不慎乎是以聖人无思无爲寂然不動感而遂通天下之故周子得此意以結通書故曰艮其背背非見也靜則止止非爲也爲不止矣其道也

深乎河上公曰唯獨也獨畏有所施爲殊
道意欲賞善恐僞生欲信忠恐詐起也蘇
曰大道者无知无行无所施設而物自化
今介然有知行於大道則其所施設建立
非其自然有足畏者

大道甚侇音夷民甚好徑

侇古本如此說文云行平易也徑小路言
其捷也○謂大道甚平易而民甚好行小
路以譬民不由正道循自然平易處行乃
好施設行險僥倖以速求名利也下有甚

焉則上必有好者【蘇】曰大道甚夷无有險
阻世之不知者以爲迂緩而好徑以求也
故凡捨其自然而有所施設者皆欲速者也
朝甚除田甚蕪倉甚虛服文采帶利劍猒飲
食貨財有餘是謂盜夸非道也哉
古本如此除去也開也采一作綵猒飽也
夸與奓同奢也夸張自大也〇先言朝甚
除者謂朝廷尚施爲要賄賂去君子取小
人甚開私小之路也上有好者下必有甚
焉者矣故智詐並興官吏偈儜需求百出

傷財害民遂致田野荒蕪倉廩不實而偈
殍官吏方且服文采之衣帶鋻利之劒文
非文而不恤下武非武而不衛民假法爲
非瘠民肥已厭飫美異之飲食積聚有餘
之貨財此皆劫剥於人以恣縱於已是謂
爲盜而夸張自大豈道也哉此老氏傷時
之言而亦足以戒後世也除字一說謂朝
廷尚施設愛苞苴更除不常則小人並進
君子退藏故民被其害農事廢弛倉廩空
虛小人不知耻而方且奢華自大是爲盜

而奇也亦通蘇曰俗人昭昭我獨若昏俗人察察我獨悶悶豈復飾末廢本以施設爲事啓以姦盜哉

善建者不拔章第五十四

自然之道本无施設故能常久故次之以善建者不拔章

善建者不拔善抱者不挩子孫祭祀不輟挩一作脫○善建德者深而不拔善抱道者固而不挩是以子孫祭祀不已也

脩一作修之身其德乃眞脩之家其德乃餘脩

之鄉其德乃長脩之邦其德乃豐脩之天下其德乃普

邦字與古本同一作國○脩者去声私欲而不使爲德之害也自脩之身其德乃眞而至於家之有餘鄉之長以邦之豐盛天下之周普此皆建德无爲之效也

故以身觀身以家觀家以鄉觀鄉以邦觀邦以天下觀天下

吾之身清靜无欲則不妄作不妄作則和氣充盈和氣充盈則三田通暢三田通暢

則百脉調榮百脉調榮則遍體康健體堅骨實此皆抱道自然之效也是以昔人以身喻國以心喻君以氣喻民心正則氣自順氣順則身自安乃知君正則民自順民順則國自安自然之理也故以吾之身觀人之身以至於觀家觀鄉觀邦觀天下一理而已然則清静无欲者而民自化矣善建德者必由抱道善抱道者則德自立矣不撥不拔則道德引遠自然子孫相續其祭祀何時而止邪此與夫盜夲者異矣

吾奚以知天下之然哉以此

奚字韓非與古本同○謂不過以此一身之清靜无欲而推之則天下之然可知尒

含德之厚章第五十五

善建善抱者知和知常也故次之以含德之厚章

含德之厚者比於赤子也

傅奕與古本同○含德者其德不形也苟彰其德則薄矣赤子者嬰兒未孩之時以譬一真毫无私欲爲情也蘇曰老子之言道

德每以嬰兒況之者皆言其體而巳未及於用也今夫嬰兒淡然无欲其體之者至矣然而物來而不知應未可以言用也

毒蟲虺蛇不螫猛獸攫鳥不搏音愽

傅奕與古本同毒蟲蠍蠆之類虺蝮蛇也螫音釋蟲行毒也猛獸兕虎之類攫鳥鷹鸇之屬攫搏也搏擊也○惡物不敢傷害赤子者以其德不形而又无死地也河上公曰赤子不害於物物亦不害赤子蘇曰道无形體物莫得而見也而況得而傷之

乎人之所以至於有形者由其有心也故有心而後有形有形而後有敵敵立而傷之者至矣无心之人物莫與敵者而曷由傷之夫赤子之所以至此者惟其无心也

骨弱筋柔而握固未知牝牡之合而朘作精之至也終日號而嗌不嗄和之至也

牝屬陰牡屬陽朘傅奕與古本同今諸本多作峻玉篇朘字注亦作峻𡲞係三字通用並子雷切赤子陰也號平聲嗌音益咽也嗄所訝切聲破也○赤子筋骨雖柔弱

而掌握牢固未知牝牡之合而朘作者精
全之甚也雖終日啼號而聲不破者氣和
之甚也以譬含德之厚者純粹而不雜靜
一而不變也【河上公】曰赤子筋骨柔弱而
持物握固以其意專而心不移赤子未知
男女之合而陰作怒者由精氣之所至也
赤子終日啼哭而聲不變易者和氣之所
致也【蘇】曰无執而自握无欲而自作是以
知其精有餘而非心也心傷則氣傷氣傷
則號而嗄終日號而不嗄是以知其心不

動而氣和也

知和曰常知常曰明

和出自然苟好惡內傷則不和矣惟沖則和知和則常久也故知和曰常常久之道非至明者不能知之故知常曰明也蘇曰和者不以外傷內也復命曰常遇物而知反其本者也知和曰常得本以應万物者也其實一道也故皆謂之常

益生曰祥心使氣曰強

祥妖怪也又禍也善也此指妖怪之義○

謂知常以之道者則因自然而不益生守和柔而不強壯顯則成體隱則成始神通自在變化無窮不知常以之道者則欲益生而妄作是謂妖恠也欲以心而使氣是謂強壯也生道无爲豈可益之沖炁自然豈可使之是以朱真人桃椎曰道者无炁也道體者虛无也虛无者自然也自然者无爲也无爲者心不動也內心不動則外境不入內外安靜則神定氣和神定氣和則元氣自正元氣自正則五臟流通五臟流

通則精液上應精液上應則不思五味五味巳絶則飢渴不生飢渴不生則三田自盛三田自盛則髓堅骨實返老還元如此修養則真道成矣以此證之則何嘗益生而以心使氣邪特不害之則元氣自正尒故善平天下者亦如平身也虛靜恬淡无爲自然其德不形人物自正是以陰陽和順變異不興子孫綿綿享祚无巳不善平天下者躁動多欲好尚強梁是以妖孽並興不能常久也蘇曰生不可益而欲益之

則是其祥矣祥妖也氣惡妄作而又以心使之其強梁甚矣

物壯則老是謂不道不道早已

凡物壯則必老強壯之人是謂不合於道不合於道則早已矣蘇曰益生使氣不能因其自然日入於剛壯而老從之則失其赤子之性矣

知者不言章第五十六

知和知常者未必言也故次之以知者不言章

知者不言也言者不知也塞其兌閉其門挫其銳解其紛和其光同其塵是謂玄同

道不可知知不可言知者知其不可知不可言故不言也言者是不知其不可知不可言故言也然則五千餘言豈非言乎此老氏憂後世溺於言辭而不能反身而求之於此心之初故令人因言以求意得意則忘言要在乎體而行之也愚竊謂言固不是知亦未是惟塞兌閉門以挫情欲之銳解事物之紛瑩心鑑而不炫其明混濁世

而不汙其真者則是謂與道冥合矣故易
繫曰默而成之不言而信存乎德行蘇曰
道非言說亦不離言說然能知者未必言
能言者未必知惟塞兌閉門以杜其外挫
銳解紛和光同塵以治其內者默然不言
而與道同矣

不可得而親亦不可得而踈
亦字河上公司馬公同古本夫道近之不
邇遠之不遐

不可得而利亦不可得而害

淡然无欲超然无累

不可得而貴亦不可得而賤故爲天下貴

莫之爵也无能㖗也體道之人以是之故爲天下貴若可得而親之利之貴之者則亦可得而踈之害之賤之也何足常貴哉

以正治國章第五十七

體道者以无事而取天下故次之以以正治國章

以正治國以竒用兵以无事取天下

正字傅奕陳碧虛並玄古本作政然政者

正也義[illegible]奇異也○兵以禁亂除暴不得已而用之不可以爲常也運籌於帷幄之中决勝於千里之外以奇異之謀也然而以正治國以奇用兵不若以大道无事而取天下也蘇曰古之聖人柔遠能邇无意於用兵唯不得已然後有征伐之事故以治國爲正用兵爲奇雖然此亦未足以取天下天下神器不可爲也爲者敗之執者失之唯體道者廓然无事雖不取天下而天下歸之矣

吾奚以知天下其然哉以此

老子自謂何以知天下如是哉蓋以此道
而知之也

夫天下多忌諱而民彌貧

政事叢脞賦斂煩苛動多忌諱則民无所
措手足故愈貧窮蘇曰人主多忌諱下情
不上達則民貧而无告矣

民多利器而國家滋昏

古本有而字○授人以殺人之器教人以
殺人之事則民多傚效故國家滋益昏亂

是以兵不可以爲常也

民多智惠而衺事滋起

【王弼】同古本衺與邪同。智惠出有大僞民多智惠則不正之事益起

法令滋章而盜賊多有

章明也【司馬遷】與古本同。夫民窮則濫民多利器則凶民多智惠則詐在上者不能无爲无事而使之自化方且嚴刑法以誅之明號令以禁之而貪官猾吏則弄法以爲姦智詐窮民則相率而爲盜故法令

滋章而盜賊多有矣蘇曰患人之詐僞而多爲法令以勝之民无所措手足則曰入於盜賊矣

故聖人云我无爲而民自化我好靜而民自正我无事而民自富我无欲而民自朴此正已而物正者也聖人如此是以雖不取天下而天下自歸之矣

其政悶悶章第五十八

取天下常以无事故次之以其政悶悶章

其政悶悶其民偆偆其政詧詧其民缺缺

閔音門注具上篇僑舊音春傳奕同古本
玉篇僑尺尹切厚也富也詧詧叢脞爲明
鈌虧鈌也○謂其政以德閔閔若昏則其
民富足而淳厚矣其政以智叢脞爲明則
其民財用鈌而淳厚虧矣
禍兮福所倚福兮禍所伏孰知其極其无正
邪正復爲奇善復爲祅民之迷其日固已久
倚依也伏隱也極盡也无正猶言不定也
邪余遮切疑辭祅古本如此與祆同左氏
云地反物爲祅說文云巧也○謂其政閔

閔清靜无爲而无福无禍其政詧詧有爲躁動而有福有禍蓋吉凶悔吝生乎動也由動而徃則福依於禍禍隱於福而誰能知禍福之窮盡乎疑其无定邪是有定也能知詧詧之爲禍而不爲則便是福若以詧詧之爲福而有爲則便是禍然則禍福元有定矣故太上曰禍福无門唯人自召蓋政者正也正本无爲苟有心而爲正則生民心故反爲奇異善本自然苟有心而爲善則變民心故反爲祅恠因詧詧而致

民之迷惑其日固已久矣
是以聖人方而不割廉而不劌直而不肆光
而不燿
劌姑衛切傷也肆陳也燿照之光也○是
以聖人方正而不割截清廉而不傷劌端
直而不陳設光明而不炫燿皆本自然非
有爲也此所謂悶悶矣如是則民之淳厚
自全而祅異不作又奚以察察爲善政哉
故孔子曰爲政以德譬如北辰居其所而
衆星共之

治人事天章第五十九

其政悶悶者能去人欲以事天道也故次之以治人事天章

治人事天莫若嗇夫惟嗇是以早服

治平聲若字河上公同古本嗇愛惜之義服事也謂去人欲以事天道莫若自愛精炁也夫惟自愛精炁是以能早服事天道也晚則精炁已耗矣服字古本如此河上公蘇子由韓泚俱作服字註王弼孫登及世本作早復如易復卦不遠復之義象曰

不遠之復以修身也亦通然承上文事天
處來服字相貫孟子亦有事天之說但孟
子存心養性事天就復事處說朱文公註
云存謂操而不舍養謂順而不害事則奉
承而不違也此經則就自愛處說朱文公
亦云此章就養精神處說愚謂必先造道
自愛然後可以體道而應事物也
早服謂之重積德重積德則无不克克勝也
能及早而服事天道謂之重積吾之所得
者也重積吾之所得則无不勝於人欲矣

无不克則莫知其極莫知其極則可以有國

則字河上公[illegible]非同古本○无不勝於人欲則合于天道而莫知其窮極此乃人欲盡淨天道流行也德既无極則可以有國而爲君也蓋昔人以心喻君以炁喻民以身喻國能愛精炁則可以有身由是而推能愛民物則可以有國此天下國家之本在身也通乎此者非以圖國而人自歸之則其德可以有國也

有國之母可以長久是謂深根固柢長生久

視之道
母者道也精炁之所自而生也身有道則
精全氣順可以長生國有道則民安物阜
可以久視此所謂長生久視之道譬如木
之根深柢固者則枝葉繁盛而能長且久
也柢字傅奕引古本云柢本也又引郭璞
云柢謂根柢也河上公作蔕非經義夫柢
亦是根韓非解云木有蔓根根有柢根柢
根者木之所以建生也蔓根者木之所以
持生也柢固則長生根深則久視

治大國章第六十

得長生久視之道則可以莅天下故次之以治大國章

治大國者若亨普庚切小鱗

鱗總括魚之屬也傅奕孫登同古本小鱗小魚也治大國者譬若亨小鱗夫亨小鱗者不可擾擾之則魚爛治大國者當无爲爲之則民傷蓋天下神器不可爲也

以道莅天下其鬼不神

莅臨也鬼神陰陽中之靈也鬼歸也神伸

也程子曰鬼神者天地之功用而造化之跡也張子曰鬼神者二氣之良能也朱文公曰以二氣言則鬼者陰之靈也神者陽之靈也以一氣言則至而伸者爲神反而歸者爲鬼其實一物而已然則聖人以道无爲而臨天下則陰陽和順其歸於陰者不伸於陽也

非其鬼不神其神不傷民非其神不傷民聖人亦不傷民兩不相傷則德交歸焉

古本如此 ○ 非其歸於陰者不伸於陽其

伸於陽者不傷民尒非其伸於陽者不傷民蓋聖人亦不傷民也鬼神不傷民聖人亦不傷民是兩不相傷也夫鬼神視之而弗見聽之而弗聞體物而不可遺朱文公去其言體物猶易所謂幹事然則聖人无爲而万物自化是聖人歸之於鬼神之德也鬼神不擾而万物无傷是鬼神歸之於聖人之德也故曰兩不相傷則德交歸焉

大國者天下之下流章第六十一

治大國者宜謙下故次之以大國者天

下之下流章

大國者天下之下流天下之所交也

古本如此○天下之所交會大國者以其能謙而居下也蘇曰天下之趨大國猶衆水之趨下流也

天下之牝牝常以靜勝牡以其靜故爲下也

牝字嚴遵同古本○大國又宜主靜譬之天下之牝牝常以靜勝牡之動也惟靜而无爲可以應動惟謙而居下可以得衆上文下字並上聲

故大國以下小國則取小國小國以下大國則取大國故或下以取或下而取

大國能謙下則小國附之小國能謙下則大國容之故大國謙下以取人小國謙下而取於人此一節下字並去聲

大國不過去声欲兼畜丑六切人小國不過欲入事人兩者各得其所欲故大國者宜爲下

過越也畜聚也○不過兼畜入事兩得所欲則大小相安然大國兼畜常宜謙下

道者万物之奥章第六十二

能謙下者則能兼畜故次之以道者万

物之奥章

道者万物之奥善人之所寳不善人之所保

美言可以於市尊行可以加於人

古本如此奥字王篇深也内也主也藏也

善人已明善者也不善人未明善者也保

安也於市字上疑脫一字市交易之所加

益也〇言大道甚深而万物皆備所以善

人珍貴之而不敢失也不善人依賴之而

所以安也美而言之則可以和於市尊而

行之則可以益於人
人之不善何弃之有故立天子置三公
人之未能明善豈可弃之天子者尊事上
帝父事於天母事於地法上帝之无欲則
天地之清靜三公者太師太傅太保師者
天子之師法傳者天子之相傳保者天子
之保倚皆以清靜无欲之道啓迪天子者
也謂自有生民不可无道故立天子以主
道置三公以迪道則可以化民反善不善
者皆歸於善也

雖有珙璧以先去声駟馬不如坐進此道

古本作珙大璧也璧以玉爲之形圓象天中虚法道說文云瑞玉也周禮蒼璧禮天珙一作拱春秋傳與我其拱璧**司馬温公**曰璧大如拱亦通先前導也駟馬良馬四匹爲乘共駕一車**音辯**玄古之重禮獻乘馬而先之以珙璧也乘去聲○雖有珙璧之異以先駟馬之良而爲獻不如坐進此清靜无欲之道之爲貴也珙璧駟馬何足道哉適足以起交爭之患矣**蘇**曰立天子

置三公將以此道救人尒雖拱璧之貴駟
馬之良而進之不如進此道之多也
古之所以貴此道者何不曰求以得有罪以
免邪故爲天下貴
何字得字絶句。古之所以貴此道者何
也非謂其反求諸己則得之得之則昔雖
有罪而亦可以免之邪故爲天下之貴也
邪者託疑辭以問人也此道求則得之舍
則失之凡人未得道則有妄作之罪既得
道則昔雖有罪亦可以免而自新豈復有

罪也蓋循理則非特无罪又可以利益於人物豈不貴哉

爲无爲章第六十三

道者万物之奥而无爲自然故次之以爲无爲章

爲无爲事无事味无味

无爲无事无味皆指道而言也无爲言其虛无事言其靜无味言其淡本皆自然而致之守之甘之則在乎人故不可不曰爲曰事曰味也然此道至易至細至和而行

之至難若果而確則未嘗難未嘗大未嘗招怨也故聖人不妄爲而常爲於无爲不生事而常事於无事不躭味而常味於无味也

大小多少報怨去声以德

天地之大人猶有所憾者以天地有形跡故得以憾其風雨寒暑大小多少之或不時然天地未嘗以人有憾而輟其生成之德聖人之大人亦有所怨者以聖人有言爲故得以怨其恩澤賞罰大小多少之或

不齊而聖人亦豈可以人有怨而輟吾教化之德故曰報怨以德雖然知一涉言爲一有形迹終不免於怨憾故常當爲无爲事无事味无味以輔万物之自然也

圖難乎於其易爲大乎於其細天下之難事必作於易天下之大事必作於細是以聖人終不爲大故能成其大

古本有乎字○知一涉言爲難免乎怨則當於其易而謀之知一有形迹難成乎大則當於其細而爲之凡難事必作於易大

事必作於細者不過在乎此心一發之始介易曰作事謀始聖人知其如此所以常虛靜恬淡而終不爲大故能成其大也

夫輕諾者必寡信多易者必多難是以聖人猶難之故終无難

者字猶字古本〇夫輕諾許於人者必少信實固當謹乎言也多輕易於事者必多艱難固當謹乎爲也是以聖人於輕諾多易尚且難之故終无難也爲人君者所以置史官以書言動蓋恐去爲輕易以斂天

下之怨而傷陰陽之和至於貽万世之誚也大凡云爲之幾可不謹畏乎

其安易持章第六十四

爲无爲事无事味无味則安而无危矣故次之以其安易持章

其安易持其未兆易謀其脆易判其微易散

慮難曰謀判分也王弼司馬公同古本小而易斷曰脆微細也○諦觀此心之初慮靈微妙安而无危於此持之何難之有持謂持守道心也此心之初私欲未兆於此

謀之豈爲難事謀者慮其有難也由此而推之天下國家方安之時易爲持守禍亂未兆之時亦易爲謀慮也設若私欲方萌禍亂方芽猶易分散也

爲之乎其未有治平聲之乎其未亂古本

此先釋其安易持其未兆易謀之義謂循理而爲之於私欲禍亂未有之時也次釋其脆易判其微易散之義謂攻理私欲禍亂於未甚之時也此皆端本澄源之意蘇曰方其未有持而謀之足矣及其將然非

判而散之不去也然猶愈於旣成也故爲
之於未有上也治之於未亂次也
合抱之木生於豪末九成之臺起於累土千
里之行始於足下爲者敗之執者失之
豪字成字古本○凡事從小成大由近至
遠有爲者敗其自然執着者喪其本眞故
私欲自无而有從微至著去道日遠以召
禍亂也
是以聖人无爲故无敗无執故无失民之從
事常於其幾成而敗之愼終如始則无敗事

古本有其字幾近也○道本无爲心非有作一念纔起即是妄源爲惡爲善而事雖不同逐境逐情而意常不異妄念既作莫非危機故舜曰人心惟危是以聖人寂然不動感而遂通天下之故常因自然非區區有爲有執故无敗无失也凡事有爲則有敗有執則有失民之從於世事爲利欲所誘鮮因其自然乃生心作意以爲之其始也未必不謹其終也多至於貪肆故常於其事近乎成而敗之若[illegible]謹終如始則

尚庶幾无敗事矣
是以聖人欲不欲不貴難得之貨學不學復
衆人之所過以輔万物之自然而不敢爲也
欲乎不欲常无爲也學乎不學體自然也
復音伏反本之義衆人貴難得之貨而輕
至重之身欲之勝也尚有爲之迹而乖自
然之道學之過也聖人則不然欲乎不欲
而不貴難得之貨學乎不學而復衆人之
所過將以輔万物自然之理而不敢妄爲也

古之善爲道章第六十五

輔万物之自然而不敢爲故次之以古
之善爲道章

古之善爲道者非以明民將以愚之

聖人之道大而化之故古之善爲道以化民者非以明之將以愚之使淳朴不散智詐不生也所謂愚之者非欺也但因其自然不以穿鑿私意導之也蘇曰古之所謂智者知道之大全而覽於物之終始故是貴也凡民不足以知此而爲於小智以察爲明則智之害多矣故聖人以道治民非

以明之將以愚之尒蓋使之无知无欲而聽上之所爲則雖有過亦小矣

民之難治以其知音智下同多也故以知治國國之賊不以知治國國之福

不循自然而以私意穿鑿爲明者此世俗之所謂智也故用智治國則下亦以智應惟務穿鑿不循自然姦詐斯生上下相賊世俗之所謂智者非國之賊而何不用智治國則德化清靜其民淳朴天下和平非國之福而何周子拙賦得之矣蘇曰吾以

智御人人亦以智應之則上下交相賊矣
知此兩者亦稽式也知此稽式是謂玄德
【傅奕王弼】同古本稽古兮反考也同也如
尚書稽古之稽○此用智不用智兩者亦
是考古之法也能知此考古之法是謂玄
遠之德也故三代皆順考古道而行之【傅
奕】玄稽式今古之所同式也
玄德深矣遠矣與物反矣乃復至於大順古本
玄德深而莫測遠而无極非以察察爲明
與智固反然德慱而化乃復至於大順也

福者百順之名智詐不作禍亂不起福之至也順莫大焉蘇曰吾之所貴者德也物之所貴者智也德與智固相反智之所順者小而德之所順者大矣

江海爲百谷王章第六十六

玄德深遠故次之以江海爲百谷王章

江海所以能爲百谷王者以其善下之故能爲百谷王

尒雅云水注谿曰谷○江海所以能爲衆水所歸者以其善下之而居不爭之地也

譬天下之歸於王者以其謙下而不爭也
是以聖人欲上民必以其言下之欲先民必
以其身後之是以聖人處(上古)之上而民弗重
處之前而民弗害是以天下樂推而不猒不
以其爭故天下莫能與之爭(古本)
猒於豔切足也○聖人卑辭退巳非欲上
民先民而民自尊讓之也此言欲者俾爲
人君者欲要上民先民當謙辭後巳也能
如是則處之上而民弗重猶四體之戴元
首也處之前而民弗害猶影之隨形也自

然相化是以天下樂然推尊而不猒足也
蓋聖人不以其爭故天下莫能與之爭也
蘇曰聖人非欲上人非欲先人也蓋下之
後之其道不得不上且先尒

天下皆謂章第六十七

聖人之道爲而不爭故能爲成器長故
次之以天下皆謂吾大章

天下皆謂吾大似不肖夫惟大故似不肖若
肖久矣其細也夫

吾大傅奕與西晉本同古本肖類也大字

肖字絶句○老氏未嘗自大也蓋以道自重而天下莫能知之故謂其大而似不類衆人也因自述時人之語而答之曰夫惟大故似不類衆人若類衆人則及其久矣亦細也夫

我有三寶持而寶之

韓非王弼傅奕同古本○老氏自謂我有三寶持守而珍貴之謂下文也韓非云事必万全而舉无不當則謂之寶矣謂以三者爲寶吾執持而寶之珍惜之義也

一曰慈二曰儉三曰不敢爲天下先夫慈故能勇儉故能廣不敢爲天下先故能爲成器長（上声）今舍（上声下同）其慈且勇舍其儉且廣舍其後且先是謂入死門（古本）

長主也大也舍去也慈愛也○吾之心慈愛素具由愛親愛君推而愛人愛物皆自然之理慈爲第一寶也儉約也吾能无欲則甘於恬淡而不奢慈亦一寶也吾能虛靜謙退无爭不敢爲天下先慈又一寶也夫慈愛故能勇於行道使親安君尊而天

下人无弃人物无弃物也儉約故能不暴
殄天物而使天下不尚奢侈家給人足可
謂廣矣不敢爲先而常謙下不妄生事而
常虛應人皆尊之故能爲成才器之人之
長也以此三者處上則帝王天子之德也
以此三者處下則玄聖素王之道也令去
其慈而好勇鬬很去其儉而奢侈多欲去
其後而與人爭先是謂入死門矣
夫慈以陳則正以守則固天將救之以慈衞之
陳音陣軍師行伍之列也古本如此○夫

慈愛之道以之臨陳則正以之守圍則固
茍有患難則天必將救之蓋以其慈愛而
不妄傷人物所以衞護之也蘇曰以慈愛
物物之愛之如己父母雖爲之效死而不
辭故可以戰可以守天之將救是人也則
開其心志使之无所不慈无所不慈則物
皆爲之衞矣

古之善爲士者不武章第六十八

人能慈愛則可以陳可以守故次之以
古之善爲士者不武章

古之善爲士者不武善戰者不怒

傅奕同古本○古之善爲士者不尚武勇遠人不服則修文德以來之苟德所不能化不得已而用兵禦之則從容和豫何怒之有怒則无謀矣孔子曰必也臨事而懼好謀而成者也蓋懼則敬其事而不敗成則善其謀而後動若能不待出師而亂自戢此善戰也

善勝敵者不爭善用人者爲之下

兵以衛民守得其道則自固吾圉何爭之

有若能未嘗觀兵而敵不敢犯此善勝也
謙下者人心悅服而願爲之用也
是謂不爭之德是謂用人之力是謂配天古
之極也
配合也極至也○不武不怒而善勝敵者
皆是不爭之德也謙爲德柄實是用人之
力也天之道不爭而善勝下濟而光明能
如是則德合於天古之極至之道也

用兵者有言章第六十九

善戰者不怒善勝敵者不爭故次之以

用兵者有言章

用兵者有言曰吾不敢為主而為客不敢進寸而退尺是謂行无行攘无臂攘臂者作怒而奮臂也扔无敵扔音認引也又音仍執无兵古本

蘇曰主造事者也客應敵者也進者有意於爭也退者无意於爭也无意於爭則雖用兵與不用均也苟无意於爭則雖在軍旅如无臂可攘无敵可扔无兵可執而安有用兵之咎邪

禍莫大於輕敵輕敵則幾亡无方切吾寳故抗

兵相加則哀者勝矣古本

幾近也亡无也抗扞也拒也○兵者凶器戰者危事故禍莫大於輕敵儻好勇輕敵則近乎无吾大慈之寶矣天道尚慈聖人法天以慈爲寶亦以民爲寶苟或輕敵出師兩陳相交傷殺无數血塗草莽骨暴荒郊豈非亡吾寶哉故抗拒之兵雖多寡強弱相似則能不輕敵而有哀矜人命之慈者必勝於是何故邪天道惡殺而好生尒吁兵以禁暴衞民豈可以非迫於不得已而

用之輒輕舉以荼毒生靈也哉蘇曰聖人以慈爲寶輕敵則輕戰輕戰則輕殺人喪其所以爲慈矣兩敵相加而吾出於不得已則有哀心哀心見則天人助之雖欲不勝不可得矣

吾言甚易知章第七十

輕敵者是不知言有宗事有主也故次之以吾言甚易知章

吾言甚易知甚易行而人莫之能知莫之能行

傳奕同古本○老子玄吾所言虚靜柔和

慈儉不爭等事皆本自然循理而足甚易知易行也而人多躁動多欲強梁貪競以掇禍患者是莫之能知莫之能行也蘇曰道之大復性而足性之妙見於飲食起居之閒尒聖人指此以示人豈不易知乎人能體此以應物豈不易行乎然世常患曰用而不知知且不能而況能行之乎

言有宗事有主夫惟无知是以不吾知也

主字一作君今從古本○吾言有所宗吾事有所主宗主者何道德是也道本无知

一而行万源止湛然其用則虚静柔和慈儉不爭而不求人知故人亦不可以智知得之在我同乎无知夫惟无知是以天下之人於其他則可以智知至於吾道則不能知非眞知也

蘇曰言者道之筌也事者道之迹也使道而可以言盡則聽言而足矣可以事見則考事而足矣惟言不能盡事不能見非捨言而求其宗遺事而求其君不可得也蓋古之聖人无思无爲而有漠然不自知者存焉此其思慮之所不及

是以終莫吾知也

知我者希則我貴矣是以聖人披褐而懷玉

披音被衣覆也褐短衣也○惟其眞知吾道者希少則吾道貴矣其他可以智知者何足貴哉是以聖人内有眞貴外不華飾不求人知與道同也故曰披褐而懷玉玉者以比德也玉本不足以比德蓋取世俗之所貴者爲比以指人尒蘇曰衆人之所能知亦不足貴矣披一作被聖人外與人同而中獨異尒

知不知章第七十一

道不可以智知故次之以知不知章

知不知尚矣不知知病矣古本

尚庶幾也一作上今從古本○道不可知人能知乎不知之處者庶幾於道矣故莊子曰知止其所不知至矣然則不知而妄知爲病矣蘇曰道非思慮之所及故不可知然方其未知則非知无以入也及其既知而存知則病矣故知而不知者上不知而知者病

夫惟病病是以不病聖人之不病以其病病
是以不吾病枯
夫惟病病彼天下有妄知之病者是以不吾
病也聖人之所以不病者以其病彼天下
有妄知之病是以知止其所不知而不吾
病也蘇曰既不可不知又不可知知知之
爲病老乆而病自去矣

民不畏威章第七十二

眞知此道者鮮是以不畏自已神明之
威故次之以民不畏威章

民不畏威則大威至矣

道者在人之身則爲神明畏者嚴憚之意也威者自心神明之威也自心神明正直无私威不可犯深可信畏凡人不間賢愚隱顯玄爲惟此心纖毫不可欺者乃神明之所在也或者時此恣情縱欲潛行不善以爲已獨知之而人皆不知殊不顧自己神明之威凛凛然不可欺也不知畏威惡積不已則大威至矣大威至則天猒之安可解此有道者所以循自然之理而毋不

敬不敢妄為也

无狎其所居无猒其所生夫惟无猒是以无猒古本

狎戲玩也猒如天厭之之厭弃絶也心者神之所居身者炁之所生神炁同出於道今夫人之運用非神炁則不能矣神炁不可須臾而離也神清則炁爽炁濁則神昏故常當虛靜以存神謙柔以養炁循自然之理以應物儻不能虛其心弱其志而使情欲得以竊入傷害則是戲玩其所居之

神猒弃其所生之炁也苟戲玩猒弃不已至於惡積而不可揜罪大而不可解以至滅亡此天猒之而大威至也故曰无狎其所居无猒其所生夫惟人无猒弃神炁是以神炁亦无猒弃人也嘗觀世俗之人間曰見性便是透脫不復脩身誠已至於違理傷物甚而恣縱情欲弗顧形骸以謂幻軀竟亦堅固殊不知未能慎守此身善養神炁循自然之理以全真精以應事物則何以謂之透脫孔子曰君子有三畏畏天

命畏大人畏聖人之言小人不知天命而不畏也狎大人侮聖人之言朱文公註曰天命者天所賦之正理也而莊子有聖人貴精養神之語孟子有夜氣旦氣之論脩身應物一理而已然則人也徒以見性而便欲弃此身之神炁不復循理以脩身應物可乎

是以聖人自知而不自見音現自愛而不自貴

故去彼取此

古本有而字○聖人自知其神而不求人

知自愛其炁而不求人貴故去彼自見自
貴之行而取此自知自愛之道是以神炁
相守顯則成體隱則成始變化无窮深不
可測是謂深根固柢長生久視之道烏得
有大威至矣

勇於敢章第七十三

民不畏威者是不知天網恢恢疏而不
失也故次之以勇於敢章

勇於敢則殺勇於不敢則活此兩者或利或
害天之所惡孰知其故是以聖人猶難之

故常也強梁者勇於敢而好爭則因以殺身柔弱者勇於不敢而不爭則因以活身此敢與不敢兩者世或以敢爲利而因以殺身則是害也世或以不敢爲害而因以活身則是利也故曰或利或害由是觀之強梁者天之所惡斷可識矣而世之人誰知其常也世俗但知趨利避害而鮮知利之爲害也是以聖人之於勇敢有爲尚且難之以其有利害存乎其間也故常虛靜謙柔循理應物安於不爭之地況非聖人

而欲妄動可乎蘇曰勇於敢則死勇於不敢則生物理之大常也然而敢者或以得生不敢者或以得死世遂以僥倖其或然而忽其常理夫天道之遠其或有一或然者孰知其好惡之所從來哉故雖聖人猶以常爲正其於勇敢未嘗不難之列子曰迎天意揣利害不如其已患夫天道之難知是以歷陳之也

天之道不爭而善勝

天之道不與物爭而物自化是善勝也然

人不可外此心而求天道於高遠也蘇曰不與物爭於一時要其終勝之而已

不言而善應不召而自來

不言而有感必通是善應也不可須臾而離之是不召而自來也蘇曰天何言哉四時行焉百物生焉未有求而不應者也神之格思不可度思矧可射思夫又誰召哉

默然而善謀天網恢恢疏而不失

默字傅奕同古本河上公并開元御註本作繟王弼梁王尚孫登張嗣作坦令依古

本○默然虛靜而動无不成是善謀也恢大也包羅无外如大網焉雖希疏而不失巨細善惡皆不可逃也此聖人所以輔万物之自然而不敢妄為矣然天網者亦不可外此心而求之也蘇曰世以耳目觀天見其一曲而不覩其大全有以善而得禍惡而得福者未有不疑天網之疏而多失也惟能要其終始而盡其變然後知其恢恢廣大雖疏而不失也

民常不畏死章第七十四

民不知天網恢恢踈而不失是以常不畏死故次之以民常不畏死章

民常不畏死如之何其以死懼之古本

謂民之爭利犯法而常不畏死者由上之人有爲多欲而然也在上者只當清靜无欲而使之自化如之何更以死罪懼之蘇

曰政煩刑重民无所措手足則常不畏死雖以死懼之无益也

若使民而畏死而爲奇者吾得執而殺之孰敢

在上者既以清靜无欲化民如使民而樂

生畏死不犯刑法而其間或有為異常之事以亂正者吾得以刑法執而殺之孰敢為奇惟其不畏死所以為奇也吾亦豈可遽殺之常有司殺者殺矣當思吾之[illegible]政恐有未善賦役恐有煩苛而使之至於此也益宜反躬修德以化之若或果是天理之所不容國人之所共疾法當弃市則是司殺者殺之非吾殺之也亦非司殺者殺之乃其自取也蓋天道惡殺而好生介

蘇曰民安於政常樂生畏死然後執其詭異亂

羣者而殺之孰敢不服哉

常有司殺者殺

天網恢恢踈而不失苟有惡積罪大之人

常有司殺者殺之

蘇曰司殺者天也方世之治而有詭異亂羣者恣行於其間則天之所弃也天之所弃而吾殺之則是天殺之而非我也

代司殺者殺是代大匠斲夫代大匠斲者希有不傷其手矣枯本

斲斫也削也謂設或有爲奇者而上之人

執而遽殺之是代天之司殺者殺矣夫代天之司殺者殺是拙夫而代大匠斲夫拙夫而代大匠斲希有不傷其手矣是知爲民上者當以清靜无欲化民而使之不至於爭利犯法可也苟不以德而反重刑憲欲代天之司殺者殺則是爲民上者殺之亦必及其身矣蘇曰非天之所殺而吾自殺之是代司殺者殺也代大匠斲則傷其手代司殺者殺則及其身矣

民之飢章第七十五

民常不畏死者非惟不知天網恢恢疏而不失亦皆因上之有爲多欲而然也
故次之以民之飢章

民之飢者以其上食税之多也是以飢民之難治者以其上之有爲也是以難治古本

食者充君之庖税者輸國之賦食用當儉賦税當輕在上者或取之於民太多是奪民之食而使之飢也然則上之庫藏民之怨府也庫藏之物民之膏血也何況酷吏非法誅求視天之民反不如於豬狗吏餘

珍饌民乏糟糠怨氣衝天禍亂斯作殊不知民不難治至於難治者由上之人有爲多欲而民亦化上是以難治也漢文帝盡減民租恭儉清靜而天下大治其效著矣

蘇曰上以有爲導民民以有爲應之故多事而難治

民之輕死者以其生生之厚也是以輕死古本

民本不輕死以其其在上者嗜欲太厚意欲自生其生下民化之於利甚切不顧危亡是以輕死殊不知外物不足以存生故物

有餘而生亡矣蘇曰上以利欲先民民亦爭厚其生故輕死而求利不厭夫惟无以爲生者是賢於貴生也古本賢如猶賢乎尒之賢夫惟无以厚爲其生者是猶賢於貴其生者矣秦皇漢武焚書阬儒反道敗德恣情縱欲苦万民以自貴其生適以輕死及至末年招來方術東遊海上求不死藥望遇神仙貽万世之誚觀二君者是殊不知恭儉清靜脩巳以安百姓而享天年之道也

人之生章第七十六

有爲多欲者鮮有不强暴也故次之以

人之生也柔弱章

人之生也柔弱其死也剛彊

剛一本作堅今從古本○盅炁爲和故柔

弱也和炁既无故剛彊也

万物草木之生也柔脃其死也枯槁故剛彊

者死之徒柔弱者生之徒

前言人既如是此言物亦皆然以人物驗

之則知剛彊者死之徒柔弱者生之徒欲

強梁而自生其生者斷不可也明矣蘇曰沖氣在焉則體无堅強之病至理在焉則事无堅強之累

是以兵強則不勝

主兵者以慈則勝若恃強而不義則不勝也蘇曰兵以義勝者非強也強而不義其敗必速

木強則共故強大取下上声柔弱處上古本

木強大則人共伐之木之強大者取下柔弱者處上譬人之恃強自大者自取於下

柔弱者常處於上也蓋其道自然尒

天之道章第七十七

剛強者是不知天道猶張弓也故次之

以天之道章

天之道其猶張弓者與高者抑之下者舉之有餘者損之不足者補之天之道損有餘而補不足也古本

天道公平人鮮能知故取張弓之喻以明之夫張弓者高則抑下則舉有餘者減不足者補取其相稱而已

人之道則不然損不足以奉有餘

反天道也蘇曰天无私故均人多私故不均

孰能損有餘以奉天下唯有道者古本

有道者故能如此蘇曰有道者贍足万物

而不辭躬以爲人己愈有既以與人己愈

多非有道者无以堪此

是以聖人爲而不恃功成而不處其不欲見音現賢邪

賢能也聖人法天之道爲之而不恃功成

而不處其不欲見能於人也儻爲之而恃

功成而處以見其能於人豈天道也哉

天下莫不柔弱於水章第七十八

柔弱勝剛強天之道舉下抑高故次之

以天下莫不柔弱於水章

天下莫不柔弱於水而攻剛強者莫之能先

其无以易之也柔之勝剛弱之勝強

西昇經曰天下柔弱莫過於炁炁莫柔弱

於道而此言天下莫不柔弱於水者就人

之易見者而喻之以申明柔弱之道也夫

兩剛相攻二俱有損而石剛也水能穴之

石有損而水无損是攻剛強者莫之能先於柔弱也其无物可以變易之也由此而推故柔之勝剛弱之勝強可知尒

天下莫不知而莫之能行

知而不行爲情欲使之皆好剛強也

是以聖人言受國之垢是謂社稷之主受國不祥是謂天下之王也正言若反

聖人言絶句社稷者古者建邦立國左社右稷社者五土之神也稷者祈穀之所也民以食爲天故有國必先社稷而王者乃

社稷之主也祥者善也受國之垢者謂自行謙下柔弱也受國不祥者謂自稱孤寡不穀也誠能如此則是謂社稷之主天下之王也此舉聖人之言證前義也夫謙下柔弱本是法道而人以為垢汙之行孤寡不穀本以喻一喻虛而人以為不祥之稱故正言似與俗反也蘇曰正言合道而反俗俗以受垢為辱受不祥為殃故也

和大怨章第七十九

以剛強治民則有怨矣故次之以和大

怨章

和大怨必有餘怨安可以爲善

爲政以德則民自无怨苟不以德而剛強多欲取之不以度使之不以時則民怨及其有禍亂大作方且撫綏而和釋之則亦必有餘怨矣安可以爲善不若无怨之爲善也

是以聖人執左契而不責於人

責求也契之有左右者取其符合而巳聖人執左契以合德惟无私而巳初不欲過

求於人也又何用聚斂之徒哉【音辯】古者削木爲契右契所以責事爲取契也左契所以符合蓋與契也古者君臣一德天下太平君无可責於臣而臣亦无可責於民也安有怨乎

故有德司契无德司徹天道无親常與善人

【音辯】云司主也徹去聲也經典徹與撤通

○故臣之有德以化□者聖人惟主於符合而已臣之无德而害民者聖人則主於去之蓋契之无私而唯與有德者法天道

之无親而常與善人也周子曰善人多則朝廷正而天下治矣蘇曰天道无親唯善人則與之契之无私亦猶是也唯合者得之矣

小國寡民章第八十

聖人執左契而不責於人則民无怨而各安其安矣故次之以小國寡民章

小國寡民使民有什伯之器而不用也古本

老子前言治大國莅天下之式而此言小國者謂王者有道則國不在大民不在多

誠能无欲无爲則使民有什伯之器而不用也什伯之器音辯云按西漢詔天下吏舍无得置什器儲偫音峙顔師古註云五人爲伍十人爲什則共器物故通謂之什伍之具爲什器猶今之從軍及作役者十人爲火共畜調度也

使民重死而不遠徙雖有舟輿无所乘之雖有甲兵无所陳之使民復結繩而用之

復扶富反又也上化清靜民不輕死何用遠徙乘舟輿者多爲利名既不知名利則

雖有而不乘動甲兵者莫非仇讎旣不致
仇讎則雖有而不陳也上古結繩而治今
民旣淳朴則可使復結繩而用之化㡳和
平則雖結繩亦不用矣
至治之極民各甘其食美其服安其俗樂其
業鄰國相望雞狗之聲相聞使民至老死而
不相往來古本
傳疏 註俗字引鄭玄之說謂土地所生習
也業字引賈逵云業猶次也尒雅云業事
也皆通 埊音土 ○隨地所產以食以服甘

之美之不餒不凍隨其風俗務其業次安
之樂之不治而不亂鄰國雖其近而使民
各安其安自足其足至老死而不相往來
則焉有交爭之患如是則太古之風可以
復見蘇曰内足而外无所慕故以其所有
爲美以其所處爲樂而不復求也

信言不美章第八十一

民之各安其安自足其足端由上之有
道也故次之以信言不美章

信言不美美言不信善言不辯辯言不善(古本)

信實之言多朴直故不美甘美之言多華
飾故不信嘉善之言止於理故不辯辯口
利辭亂於理故不善蘇曰信則爲實而已
故不必美美則爲觀而已故不必信以善
爲主則不求辯以辯爲主則未必善也
知者不博博者不知聖人无積既以爲人已
愈有既以與人已愈多枯
愈平聲註具第五章。通於一則万事畢
故博者未必知一也聖人虛心應物故无
積物有限而道无窮故用之愈有愈多也

蘇曰能一以貫之則无所用博博學而日益者未必知道也聖人抱一而已它无所積也然施其所能以為人推其所有以與人人有限而已无盡然後知一之為貴也

天之道利而不害聖人之道為而不爭

天之道生育无窮未嘗害物聖人之道為而不恃未嘗爭競老氏屢言无為而此言聖人之道為而不爭者蓋聖人純於道者也其為也出於无為與天同也故以是結下篇焉亦收一經之旨也蘇曰勢可以利

人則可以害人矣力足以為之則足以爭之矣能利害而未嘗害能為能爭而未嘗爭此聖人與天為徒所以大過人而為萬物宗者也河上公曰聖人法天所施為化成事就不與下爭功名故能全其聖功也

老子道德經古本集註下

老氏仙蹤見之道藏史記聖賢紀載但降生
示現人或夢之歲月日時記異先後至
於諸家雜說未易殫舉刻註道德經者
古今數百人所見各殊得失互有年代
深迥史亦闕疑可擇其真勿泥其迹夫
道一而已矣脩之身其德乃真脩之家
其德乃餘脩之鄉其德乃長脩之邦其
德乃豐脩之天下其德乃普豈特用之
一巳也哉大抵要先得其體而自脩身

始及其妙也有變化不可得而測者在
去古愈遠尤處失真所以余解此經一
從古本蓋書坊刊行者其稍異處皆後
人臆說不得
老氏之意矣余幼時聞諸前脩曰河上公註
乃漢儒所爲託是名以借重耳不可執
此本以爲真河上公所註也當時結庵
于陝河之濵授與漢文帝者止是分章
句而已何嘗有註來及觀晦庵序參同
契曰空同道士鄒訢其意謂鄒本春秋

鄒子之國訢即熹也余不覺囅然曰後之不知空同道士乃晦庵隱其名以序參同契亦猶今之不知河上公乃漢儒借是名以註道德經也嗟乎三代尚稽古孔子信而好古春秋變古則書之生乎今之世切不可反古之道也聊摘數科列于篇首俾覽者得以取正焉若夫先覺之士固忘筌蹄而後進之英尚資梯級是書也不无少補然懼僭率弗敢張露偶因道友來求難以葢槀付復念老

矣將形槁於一丘惟恐此經寖失古本
遂命工鏤板藏諸名山以俟來哲或有
修真之士體道之人欲傳受之亦所不
隱虔憑寶典口誦心持上祝
皇帝萬歲次願重臣千秋府縣官僚文武賢
德忠良顯著祿筭增崇廣及士民同躋
仁壽天清地靜時和歲豐率土含生咸
歸有道繼今有得之者儻每以爲春秋
散於三傳易道微於九師能於靜室焚
香精心研味反照內參尋本源之真數

一旦玄通自得常久自然之道體其居塵出塵而生育无窮則修身齊家治國平天下厥效隨著聖賢地位不患不到何止无愧於考亭去當亦知前脩之說不誣而仲尼猶龍之喻尤妙也湛然堂無隱齋谷神子范應元熏香謹序

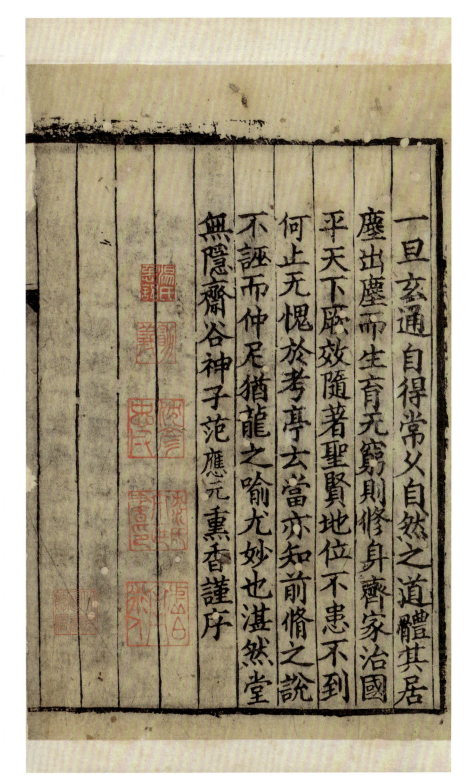

書中引海瓊序參同契是范應元在宋之後今道藏不載是書宋諱亦不全避字畫紙墨為宋刊宋印無疑　藝風

此書道藏不收焦氏老子翼採摭亦不及真道家佚典矣范應元無可攷褚伯秀南華義海纂微諸家有范無隱者或即此人沈妹更詳攷之　乙盦

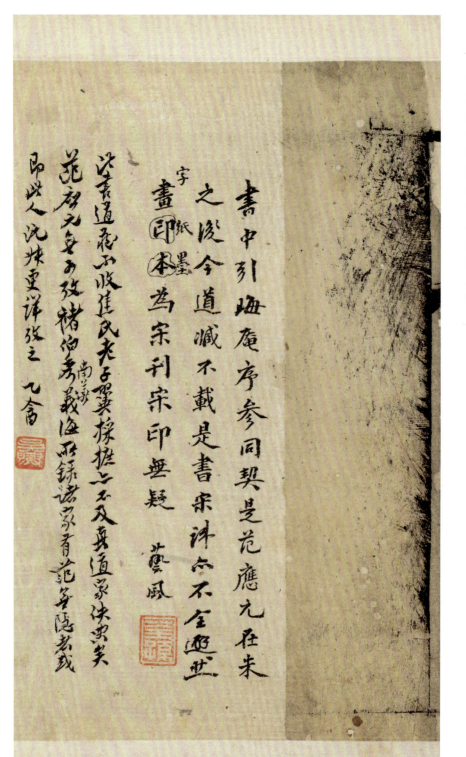

范無隱名應元字善甫蜀順慶人 見莊子翼

商務印書館監製

則祇類司馬温公蘇子由兩家則

書中引海庵序参同契是范應元在宋之後今道藏不載是書宋詸亦不全遯世字畫紙墨為宋刊宋印無疑 藝風

此書道藏不收焦氏老子翼採摭亦不及真道家佚典矣范應元身世不攷褚伯秀南華義海所錄諸家有范無隱者殆即此人沈妹更詳攷之 乙盦

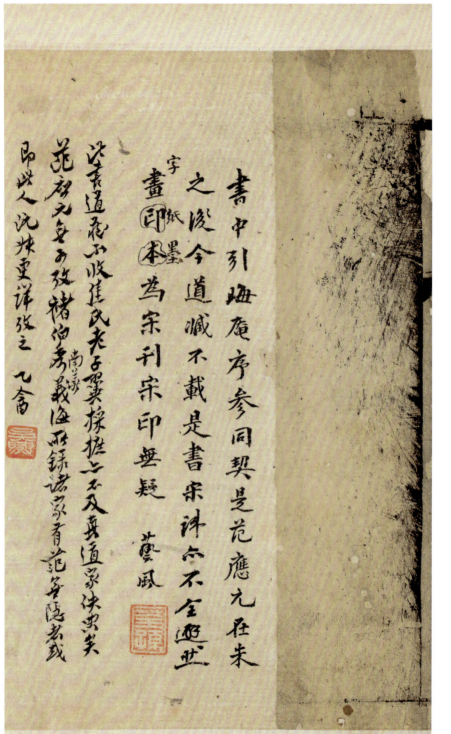

此宋范應元道德經集註不見著錄家
徵引韓非司馬談嚴遵河上公郭雲
王弼傅奕唐玄宗諸本異同謂
詳博而備未及景龍石刻其說解
則祇採司馬溫公蘇子由兩家則

較焦氏老子翼為略而焦氏之未引其書不第道藏本不收也可謂秘笈矣壬子仲冬宜都楊守敬記於上海寓廬時年七十有四

此范應元集注老子道德經亦沅叔所藏祕笈不見著錄沈乙盦以為即褚氏所引之范無隱余檢范氏原跋自署湛然堂無隱齋然則信為無隱固無疑也乙篇偶未拈出余特著之於此 甲寅元夕 邦述記

案范氏所據古本音辯外凡三十家河上公王弼李若愚張君相楊孚傅奕孫登嚴遵蘇子由應吉父司馬溫公淮南子揚雄張玄靜梁帝簡文阮籍馬誕韓非王詡郭雲陳碧虛阮咸董遇司馬談陳韶李奇司馬遷闢元御注梁王尚張嗣是也又有稱為西晉本下篇天下皆為吾大下者或有舊注或稱引所及皆所取也說解則為傅奕王弼韓康伯蘇子由河上公司馬溫公成玄英陸德明程伊川司馬遷韓非王雱張沖應十餘家或闡名理或采訓擇亦不盡拘此經本注是道家言之實事救是者從沅叔傅君許假讀以鄭蘇所述未全撮記於後

元默困頓除夕長洲章鈺日廬析律

范注今所罕見鑒家推為秘笈宜也宋人喜引宋說亦賴此見其時風氣甲寅五月王闓運題